PHP
Business Shinsho

アマゾン、ニトリ、ZARA……
すごい物流戦略

Ryoichi Kakui
角井　亮一

PHPビジネス新書

すごい物流戦略■目次

序章 なぜ、物流戦略なのか？

第1章 アマゾンの物流戦略

第2章

ニトリの物流戦略

第3章 アイリスオーヤマの物流戦略

第4章 ZARAの物流戦略

第5章 DHLの物流戦略

第6章 オムニチャネルと物流戦略

序章

なぜ、物流戦略なのか?

■物流が、生活を支えている

1999年1月4日。この日は、私、角井がメールマガジン「ロジスティクス思考的経営話（物流話）」を初めて書いた日です。今は、毎日配信されるメールニュースを書いているので、すでに数千ほど書いていると思います。そのメルマガの第1号は、今から20年ほど前でした。

その日のタイトルは、「1．物流って何⁇　物流なしでは生活できない⁉」でした。ここで書いている内容に、「書店に行って本を買うことも物流だ」とあります。

このような考え方は、20年経った今も、ずっと変わらず持っています。また、今、多摩大学の大学院で教えていますが、この話は必ずします。

世の中は、物流があるから成り立っています。物流がなければ、毎日の食事もできません。物流と言うと「物をトラックで運ぶことだ」と思われている方が多いですが、物流がなければ、トイレも水道も電気も使えません。

「電気？」と思われるかもしれませんが、電気も物流管理ができていないとスムーズに各家庭にまで来ません。消費量を予測し、その分を生産し、電線を通じて供給します。量の差や、ばらつきがあると、スムーズに供給ができません。

トイレも、水が水道管から流れてきて、汚物を下水道で流してくれるから使えるのです。

みなさん、まだまだ記憶に新しいと思いますが、東日本大震災のときに、食料品の供給が滞り、物流の大切さを実感されたと思います。ある避難所では、ポテトチップスが1人1枚しか配給されていないというテレビでの報道もあり、東京に居た私はショックを受けました。

震災後、東北倉庫協会連合会の黒川久会長と、宮城県災害対策本部に行き、問題点を把握し、改善方法を何度も説明したことを記憶しています。また、石巻市の災害対策本部では、大量に積み上げられた支援物資が雨ざらしになっていたことも覚えています。南三陸町の避難所になっていたベイサイドアリーナという総合体育館に、人気グループのＥＸＩＬＥが来て炊き出しをしたとき、避難されていた方たちが温かい食事をとりながら見せた微笑《ほほえ》みも忘れられません。そして、私がボランティアとして服を配っていたときに、5月というのに「夜寒いからダウンが助かる」とおっしゃったお年寄りの方の言葉も忘れることはないでしょう。

物流がなければ、私たちはたちまち、文化的生活どころか、普通の日常生活すらできなくなるのです。生きていけないのです。

■企業も、物流がなければ成り立たない

最近、流行《はや》っている朝食のフルーツグラノーラ、通称フルグラ。これは、物流がないと、食卓に並びません。また、これを作っているカルビーは、物流がなければ売上げが立ちません。こういったことはカルビーだけではありません。洗剤が店舗まで届かなければ、花王は売上げゼロです。2017年、ヤマトショックがありましたが、宅配便がなければ、通販事業は成り立ちません。

小売に関するものだけではありません。外食産業もそうです。鶏肉が届かないと、ケン

タッキーフライドチキンは商品を提供できないのです。製造業もそうです。ネジが届かないと、多くのメーカーでは製品が作れません。銀行もそうです。現金が届かないと銀行窓口業務に滞りが出ます。

また、企業には必ずある営業も、どのように営業先を回るかの計画次第で、回れる件数が変わります。事務所内のコピー機の位置によっても生産性やコストが変わってきます。

■物流思考と戦略物流思考

企業の物流に対する考え方には2つある、という話を私はよくしています。ほとんどの日本企業は、「物流＝コスト」という考えしか持っていません。そこで、「違う視点で物流を考えないと会社は強くなりませんよ」と、【戦略物流思考】という考え方を提唱しました。それに対して、昔ながらの「物流＝コスト」という考えを【物流思考】としました。

もう少し説明をすると、物流思考は、物流をコストセンターとして捉え、物流は作業＝オペレーションと考えて、その作業コストを下げようとします。そのため、物流改善の手

■物流思考と戦略物流思考

✓ 物流思考と戦略物流思考を意識して別にする（組織・人）
✓ 戦略物流思考は、あらゆる戦略に影響力を持つ

	定義（最新版）	感覚
物流思考	物流を**生産性**で捉えて、物流業務を行なう思考	**「物流は作業」** 6大機能毎の部分最適 （物流部門のみ） 物流コストダウン （商品価格↓）
戦略物流思考	物流を**戦略**として捉え、企業戦略に合う物流戦略を組み立てる考え	**「物流は企業戦略」** 6大機能毎の全体最適 （8大機能） 物流サービスレベルアップ （商品利便性↑）

法を用いて、生産性を高めようとしたり、相見積もりを取ったりして、コストを下げていきます。

一方の戦略物流思考は、物流をプロフィットセンターとして捉え、物流コストをかけることで、商品単価を上げたり、販売量を増やしたりして、売上げ向上につなげます。また、物流戦略と販売戦略の同期化により、圧倒的にコストが低い物流ネットワークづくりをすることもできます。逆に商品価値を上げる物流ネットワークをつくることもできます。

戦略物流思考によって、会社としての競争力を高めることができるのです。いい例が、世界最大の小売業のウォルマートです。ウォ

ルマートの物流センターは新設時7店舗分のキャパシティを持っていますが、1店舗目ができる前にまず物流センターを作ります。日本企業であれば、複数店舗出店した後に、オペレーションが回らなくなってきたとか、コストダウンできるのではないかということで、物流センターの新設を検討し始める場合がほとんどです。しかし、ウォルマートは全く考え方が違います。彼らは、ロジスティクス＝供給体制を構築してから、出店を始めるのです。

これは企業とは違いますが、米国が戦争するときには、武器、弾薬だけでなく、食料品や嗜好品が戦闘地域に供給できるようにしてから戦争を始めます。中国でも、そうです。かの有名な諸葛亮孔明《しょかつりょうこうめい》も、同様に、食料品の供給経路を確保できない戦いはしませんでした。今の中国政府が強力に推進している「一帯一路」も、ロジスティクスがベースになっています。日本は、逆に、ロジスティクス軽視です。第2次世界大戦を見ても、ロジスティクスを軽んじて負けた戦いは幾多とありますし、日本国内が物資難になったのは護衛がなかったため供給経路を簡単に断たれたからです。

日本では、セブン‐イレブンが同じ物流重視の考え方です。関西や中国地方などへの進出の際には、惣菜工場や物流センターを作るのが先でした。また、店舗を出店するかどうかは、物流部隊に決める権限があります。物流部隊が、その店舗に商品を効率的に供給できないのであれば、出店にゴーサインが出ないのです。

■物流の実務部門と企画部門を分ける

「受注後、当日納品するか、それとも翌日納品するか」という選択肢があった場合、コストを考えれば「翌日納品」ですが、サービスレベルを考えたら「当日納品」です。両方の側面で検討する必要がありますから、物流思考と戦略物流思考の両方が必要になるのです。

では、戦略物流思考ができる企業に、どうすればなれるのでしょうか？

うまくいっている企業を見ていると、現場（実務）部門と企画部門が分かれているケースが多く見受けられます。現場は、日々の戦いで、業務に追われます。なので、じっくり考える時間がどうしても不足します。また、目の前のことを考えるのに必死ですから、長期的視野で考えることはなかなかできません。そこで、部門を2つに切り分ける必要が出てく

■現場まかせでは戦略物流思考は持てない

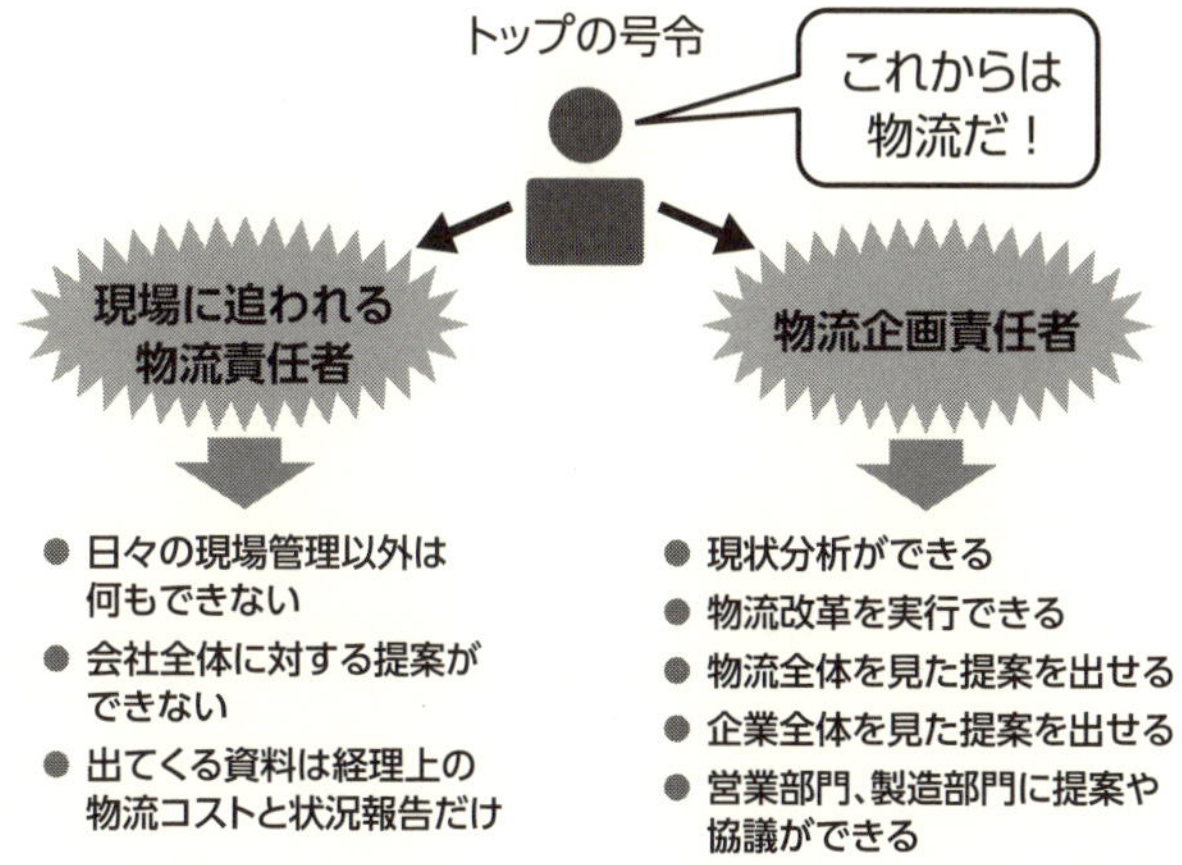

るのです。

サプライチェーンマネジメントのソフトウェアでも、計画系と実行系という言葉をよく聞きますが、同様の理由からではないでしょうか。それぞれで担当者および部門は分けるべきなのです。

■物流の戦略・戦術・戦闘

戦略物流思考が物流思考にプラスされ、物流が現場だけのものでなくなれば、その日々の戦いである「戦闘」だけでなく、戦術や戦略でも、物流が語られるようになります。

そのためには、次ページの図のように、

■戦略物流とは

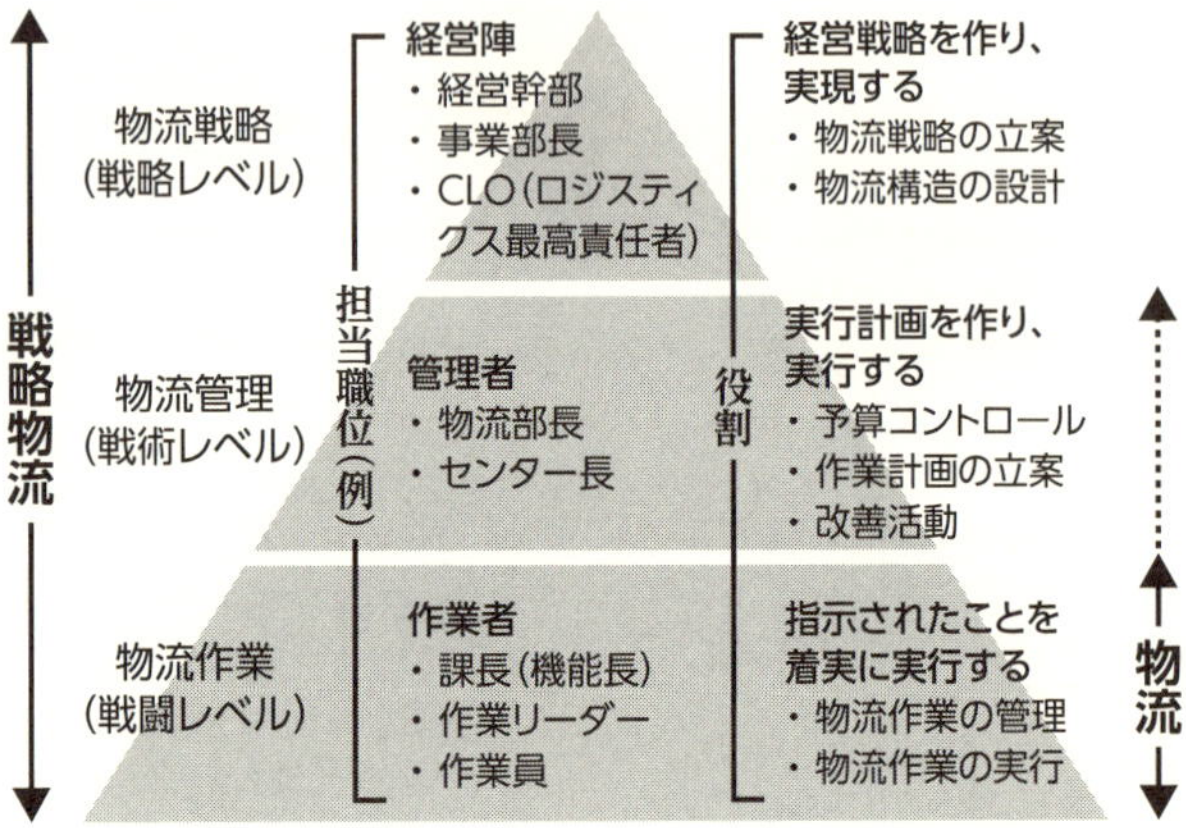

どんな物流戦略で経営戦略を実現していくかを考える役割（戦略レベル）、その戦略を実現するための実行計画を立て実行する役割（戦術レベル）、計画に基づいた日々のオペレーションを着実に実行する役割（戦闘レベル）の3つの層に分けて考える必要があります。

例えば、アマゾンは、「顧客中心主義」をミッションとし、「早く顧客に届けること」を近年の物流戦略の柱に据えています。そのため、「プライムナウ」（第1章参照）という戦略商品があり、超消費立地型（物流センターを消費者の近くに置くこと）の小型ストックポイントを作り、そこから配達するという物流ネットワークを組むことを戦略としています。

戦術レベルとしては、注文後1時間以内や2時間枠での配達が確実にできるように、拠点開発やストックポイント内での作業設計および改善、より使いやすい配達員用のシステム開発などを行なっています。

さらに戦闘レベルでは、日々の注文からお届けまでを着実に行ない、オペレーションが滞らないよう、1人ひとりがモチベーションを保ちながら作業をしています。

別な例として、ファストファッションの最大手、ZARA（インディテックス社のファッションブランド）も見てみましょう。ZARAでは、鮮度の高い商品を提供することが経営戦略になっています。同社では、これを実現するために、物流センターをスペインに配置、スペインおよび近郊国で生産してスペインに納品し、そこから航空便を使って全世界の店舗に納品するという物流ネットワークを組み上げています。これこそが物流戦略です。「インディテックスの経営戦略は物流戦略である」と言っても過言ではないくらい物流が関わっています。

戦術レベルでは、ロジスティクスセンターを開発し、ストックポイントである店舗の開発や再配置を行ない、生産拠点を開拓し、航空便の確保や、ロジスティクス関連ソフトウエアのリニューアルを行なっています。

戦闘レベルでは、週2回の店舗納品のための出荷が間に合うように、商品検品や梱包などを作業スケジュール通りに行なったりしています。

一方、経営戦略の1つに挙げられているインターネット販売の拡大のためには、違う物流戦略が組まれています。スペインの物流センターから日本に送る際には、48時間もの時間がかかります。またスペインの物流センターは、B2Bのオペレーションですから、B2Cのオペレーションを入れると現場の生産性が格段に落ちます。そこで、インターネット販売のB2Cは、違うオペレーションにしました。世界に20カ所のローカルな物流センターを持ち、そこからお届けするという物流ネットワークの設計です。このネットワークの設計は、現場部門では無理ですから、企画部門がやります。戦略レベルの人が、このネットワーク構造を設計するのです。

そして今、店舗在庫とネット通販用在庫を一元管理するよう、進化しています。

■競争優位を築くには、物流戦略が必須

■ポーターの3つの競争戦略

基本戦略	内容
コストリーダーシップ戦略	競争相手と同じ価値の製品・サービスを低コストで市場に提供するか、同じコストで高い価値の製品・サービスを提供することで競争優位を構築する戦略
差別化戦略	競争相手にはない独自性や特異性による付加価値によって競争優位を構築する戦略。製品設計、ブランドイメージ、技術、ノウハウ、製品・サービスの特徴、顧客サポート、流通チャネルなどによる差別化がある
集中戦略	特定の顧客、特定の商品、特定の地域など特定のセグメントにターゲットを絞り、経営資源を集中させることで競争優位を構築する戦略。絞り込んだターゲットに対してコスト戦略をとるのを「コスト集中化」、差別化戦略を展開するのを「差別化集中戦略」という

出典：M・E・ポーター著『新訂　競争の戦略』（ダイヤモンド社）

ポーターの3つの競争戦略は、あまりにも有名なので、説明が不要かもしれませんが、このどれにも、必ず物流戦略が絡んできます。3つの競争戦略とは、「1．コストリーダーシップ戦略」「2．差別化戦略」「3．集中戦略」です。

1．コストリーダーシップ（Cost leadership）戦略は、妥当な品質の商品を、安いコストで提供することです。これは、高い生産性によって実現できます。したがって、調達物流や販売物流を含むサプライチェーンネットワークの効率化や、現場における生産改善や物流改善による生産性向上がカギとなります。本書で紹介する事例で言えば、アイリスオーヤマが金型を移して、生産地を変え、コストを安価に抑えていることなどがこれにあたります。

2．差別化（Differentiation）戦略は、製品自身の差別化だけでなく、提供商品（≠製品。製品提供に関わるサービスも含めたものが商品）自体の差別化もあります。例えば、商品を早く届けることもそうですし、スマホからの注文ですぐに入手できるようにすることもそうです。

一方、製品自身での差別化というと、多色展開や他社よりも優れた機能などがありますが、これらはコストを上昇させる要因です。それでも、ロジスティクスにより、そのコストを下げることは可能です。例えば、ｉＰｈｏｎｅは、とても差別化された製品で、商品としてもアップルストアや通販で入手できたり、アップルストアでのアフターフォローがあったりと差別化されています。この商品は確かに高いですが、大量の商品を調達し、安い場所で製造し、流通させることで、ロジスティクスコストを下げて、高い利益を出しています。

3．集中（Focus）戦略は、特定のセグメントに経営資源を集中化させる戦略です。コスト集中と差別化集中がありますが、両者ともに、物流というバックボーンがなければ、実現しません。

■ロジスティクスはビジネスモデルそのもの

日本企業トップの多くが信奉者になっているドラッカーは、１９６２年、「ロジスティクスは、最後の暗黒大陸だ」と語り、それを見聞きした経営者はハッとしました。当時、アメリカでも、ロジスティクスコスト算出の重要性が意識されず、そのコストの妥当性がわからなかったのです。それから半世紀以上経ち、「物流を制する者が市場を制す」という言葉も語られるくらいに、米国では、その重要性がよく理解されていますし、見える化もされています。

しかし、日本では残念ながら、この重要性が理解されていないどころか、「暗黒大陸のままで、手をつけられない」と嘆く経営者も多くいます。

もちろん、その重要性をきちんと理解している企業は、成長力もある立派な企業になっています。例えばアスクルは、社名が「明日来る」からきているように、物流重視の姿勢が鮮明です。

なかでも、同社の個人向け通販ロハコの「ハッピーオンタイム」というサービスの発表会に招かれたとき、岩田彰一郎社長ご本人に「世界最高レベルですね！」と言ったくらい感動的なサービスです。これは、お届け当日に30分枠の配達時間のお知らせをし、到着10分前にもアプリ通知するというもの。待っている人は、フラストレーションが解消されます。

アスクルのビジネスモデルは、戦略物流の戦略レベル、戦術レベル、戦闘レベルともに、逸品です。本書第2弾発刊の機会があれば、ぜひ取り上げたいくらいです。

ほかにも、カルビー、ヨドバシカメラ、トラスコ中山、サンコーインダストリーなどが、ロジスティクスの重要性を理解し、それに磨きをかけることで、成長を続けています。

最近は、当社（イー・ロジット）のHPからだけでなく、フェイスブックのメッセージからも講演依頼をいただくのですが、その中に「新しいビジネスプランを練っていて、物流を知らないとビジネスを立ち上げられないことがわかった」というメッセージをくれた人がいました。この人は、今流行りのIT経営者の1人なのですが、新しいビジネスを考えていくと、その多くに物流が絡んできて、「物流を知らないと、ビジネスプランが作れない」というのです。

当社で2017年度から始めた、20人限定の夜間講座「物流戦略講座」には、これまで物流に関係がなかった人も参加しています。例えば、不動産投資をする中で物流は外せないと思ったという人や、全く違うジャンルのコンサルタントだったが物流の話を聞いて勉強しなければいけないと感じたという人もいます。日本では、まだまだ暗黒大陸の物流ですが、特に優秀なやり手の人たちが「物流が肝《きも》だ」ということを理解し始めています。

では、物流の専門家ではない人は、どうやって自社の物流戦略を立案していけばいいのでしょうか。どこかの段階で、外部の専門家や物流業者、あるいは社内の物流担当部門の力を借りることになりますが、ベースとなるものは自分で作らなければいけないはずです。

そのための有効なフレームワーク「物流戦略の４Ｃ」を本書の「終章」で紹介しますが、圧倒的な競争力を生み出している「すごい物流戦略」の具体的事例を知っておくことも重要です。

そこで本書では、アマゾン（第1章）、ニトリ（第2章）、アイリスオーヤマ（第3章）、ＺＡＲＡ（第4章）、ＤＨＬ（第5章）の物流戦略を解説していきます。また、「オムニチャネル」（第6章）についても1章を割いて解説していきます。じっくり線を引きながら、お読みください。

第1章

アマゾンの物流戦略

■「世界最大のＥＣ企業」はアマゾンの一側面に過ぎない

「アマゾン（アマゾン・ドット・コム）とは、いったい何者でしょうか」

そうした問いに対して、多くの人が「世界最大のＥＣ（Electronic Commerce）企業でしょう」と答えると思います。もちろんそれはそれで間違いではありませんが、アマゾンという企業の一面でしかありません。

アマゾンの２０１７年度の売上げは１７７８億６６００万ドル（日本円で約20兆円。１ドル＝１１０円換算）。その内訳は、９割が小売事業（＝ＥＣ）で、残りの約１割（約１７４億ドル）がクラウドコンピューティングのＡＷＳ（アマゾン・ウェブ・サービス）事業が占めています。

これだけを見れば、「やっぱりＥＣ企業じゃないか」ということになるかもしれませんが、ＡＷＳはクラウドコンピューティングの世界では実はシェアナンバーワンであり、アマゾンは世界最強のシステム会社でもあるのです。

また、営業利益を見ると、17年度は約41億ドル（日本円で約４５００億円）をあげていますが、その大半をＡＷＳが稼ぎ出し、そこから生み出される利益があるからこそ、いろいろなものへの投資も可能になっているわけです。

さらに、２０１８年1月に一般向けに公開された無人コンビニ「アマゾン・ゴー」は最先端のセンサー技術のかたまりですし、音声認識スピーカー「アマゾン・エコー」に搭載された音声認識技術「アレクサ」はＡＩ（人工知能）です。物流センターでは、作業の効率化を実現する自走式ロボットシステム「アマゾン・ロボティクス」が稼働しており、これらから見れば、立派なテクノロジー企業でもあります。

そして、アマゾンの創業者であるジェフ・ベゾスは、「われわれはほぼロジスティクスカンパニーである」と強く語っているように、本書の主題となっている物流企業でもあるわけです。

アマゾンジャパンでも提供しているＦＢＡ（フルフィルメント・バイ・アマゾン：ネット通販商品の在庫管理から、ピッキング、梱包、発送などを一括して請け負うサービス）は物流企業としてのサービスの1つ。日本国内で物流拠点16ヵ所を運営管理し、最短1時間配送の「プライムナウ」、生鮮宅配の「アマゾンフレッシュ」では自前の配送システム（配送そのものは配送事業者に委託するが、管理はアマゾンが実行）を構築しています。

■アマゾン初の航空貨物ハブ空港から見えてきたもの

さて、私は２０１１年から毎年、米国へ最低30日間、東南アジアに10日間は直接足を運び、物流に関わるビジネスの定点観測をしています。また、私が社長を務めるイー・ロジットでは毎年２回、米国への視察ツアーも開催しています。

２０１７年６月のツアーでは、アマゾンとして初めての航空貨物ハブ空港（ケンタッキー州へブロンのシンシナティ・ノーザンケンタッキー国際空港内）の稼働初日にその施設を見学してきました。イー・ロジットとそのツアー参加者が外部として初めて航空貨物ハブ空港の内部を見たわけです。

当初は会議室で20分だけの予定だったのですが、担当者の好意で施設内もすべて歩いて回ることができました。このアマゾンの航空貨物ハブ空港は、世界最大の物流会社ＤＨＬ（第５章で解説）のハブ空港としての施設を日中の時間だけ借りて運営しています。ＤＨＬが主に、国際間の輸送に夜間使用するのに対し、アマゾンでは空いている日中を自社荷物のハブとして使うということで、お互いがメリットを得られる（ＤＨＬはアマゾンから料金を受け取れる）ことから実現したものです。

２０１６年３月にアマゾンが貨物飛行機（ボーイング７６７Ｆ）を20機リースしたという報道がありましたが、その飛行機を利用して、アマゾンの国内航空輸送のハブ空港として活用していくのだろうという見方をされています。

イー・ロジット米国流通＆物流視察ツアー

アマゾンとして初めてのハブ空港（ケンタッキー州）

しかし、アマゾンは最近、米国と中国との双方向で貨物船による荷物の輸送を行なうための免許を取得していますし、この空港はＤＨＬにとって大陸間のハブ空港ですから、アマゾンにとっても単に国内輸送だけにとどまらないと私は見ています。

アマゾンは、ミッションとビジョンの両方に「地球上で最も顧客第一主義の会社」という言葉を掲げています。物流を重視する同社であれば、陸上輸送（国内配送）にとどまらず、空も海も駆使して（＝グローバルでの商品輸送）、顧客のもとに、より早く、より効率よく、より高い品質で商品を届けることを第一にしていくでしょう。

■目先の利益より顧客の利便性向上を優先し、物流に積極投資

１９９５年の創業以来、同社の急成長ぶりは、いまだとどまるところを知りません。２０１７年度でみると、ＡＷＳを含む全社の売上げで対前年比30％増（金額ベースで約４２０億ドル増＝約４兆６０００億円）、北米（米国、カナダ）ＥＣ事業は同33％増、海外ＥＣ事業で同23％増となっています。ＥＣの成長を支える物流体制については、投資を惜しまず、成長を先取りするかたちで進化させてきています。その変遷をなぞりながら、アマゾンの物流戦略を簡単に見ていきたいと思います。

ＥＣはじめ、通販ビジネスを考える際に必ずおさえておくべきものが商品の配送費、お客さんの手元に届けるためのコストです。

リアル店舗であれば、お客さんは自らの足でお店まで買い物に来てくれますから、せいぜい自社の物流倉庫から店舗まで移送する際のコストを考えておけばよいのですが、ＥＣの場合、そうはいきません。個別のお客さんの手元に商品を確実に届けることができなければ、ビジネスが成立しません。また、その配送の巧拙や効率化、コスト管理次第で、収益力も大きく変わってきます。

ではアマゾンの場合はどうなっているのでしょう。創業期から現在に至るまでの配送費と対売上配送費比率の推移を見てみましょう。

まず配送費は年々、右肩上がりで増えています。ＥＣ売上げ１０００億ドルを優にクリアする現在でも、扱い商品の幅を広げ、サービス内容を拡大し、毎年30％以上の成長を持続しているのですから、配送量の増加も相当なものがあり、配送費がかさむのは避けられない面があります。

次に売上げ全体に占める配送コストの割合、対売上配達費比率を見ていきましょう。営業利益の黒字化を達成した２００２年ごろには配送費比率は10％近くかかっていましたが、年々配送費用を効率化し、２００９年には7％程度にまで引き下げました。ところがそこを境に、配送費比率は再び右肩上がりに転じています。２０１５年には、配送費が１

■アマゾンの配送費の推移

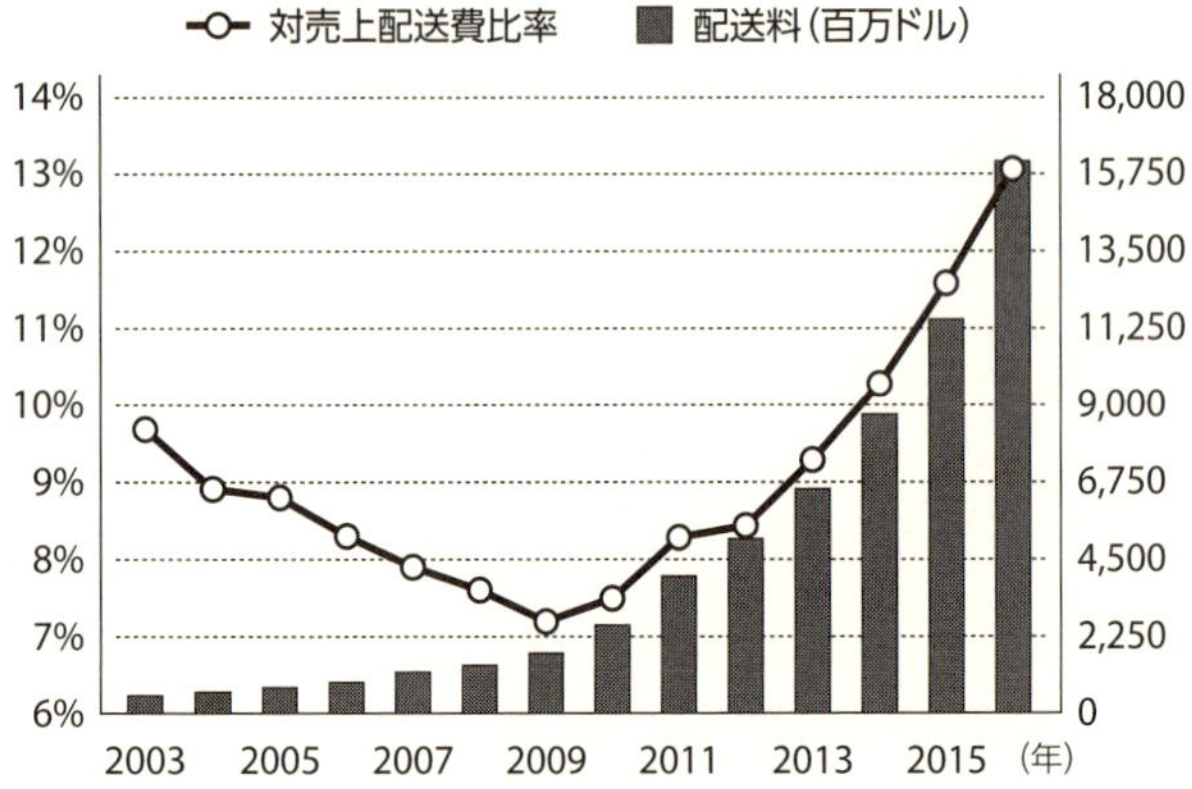

００億ドルを超え、配送費比率も約12％に上昇。さらにその後も上昇を続け、最新データでは13％程度に膨らんでいます。

こうした配送費比率の上昇は、これまでのごく一般的な企業であれば、効率化が進んでいない、という見方になると思います。しかし、アマゾンに関していえば、目先の利益よりも顧客の利便性を重視した将来に対する先行投資的な面が強く、そこからも「地球上で最も顧客第一主義の会社」をミッションとするアマゾンの物流に対する考え方がみてとれると思います。

■航空便のハブ空港周辺に物流センターを集中的に設置

アマゾンの物流センターは、当初、本拠地のある西海岸のワシントン州シアトルだけでした。

そして、物流コストを下げ、サービスレベルを上げるために、ウォルマートの上級ロジスティクス担当役員ジム・ライト氏を招へい。ウォルマート流の物流体制を構築し、物流コストの引き下げ、物流の効率化を進めていきました。その結果が、２００９年までの配送費比率の低下に現れていると思います。

ジム・ライト氏の描いた物流ネットワーク構想により、アマゾンは物流拠点を全米に増やします。

まず、手はじめに、東海岸のデラウェア州に物流センターを設置しました。広大なアメリカ大陸を東側と西側からはさむかたちで、宅配便を利用して全米に配送するという方法をとりました。

次に、大消費地に近く、消費税率の低い州に多く物流センターを設置しました。コストの高い航空便ではなく、コストの低いトラック輸送を使い、低コストを実現したのです。そして、大手宅配便事業者ＵＰＳが航空便のハブとして利用している空港周辺にも物流センターを多く設置していきました。

米国の宅配便大手といえば、ＵＰＳ（宅配便シェア49％）、ＦｅｄＥｘ（同32％）、ＵＳＰＳ（同19％）の３社です。宅配で、２Ｂ（対企業）を多く占めるＦｅｄＥｘに対し、ＵＰＳは２Ｃ（対一般消費者）の比率が高いのが特徴です。ＵＰＳはケンタッキー州ルイビルにハブ空港を設けていたため、アマゾンはルイビルの周辺に多くの物流センターを設置しました。

大都市に夜間に送れる拠点のハブ空港までの距離を短く設定することで、全米ユーザーに大量の荷物を早く届けることが可能になりました。

■宅配会社を分散化し、ＵＰＳ依存から脱却

アマゾンはその売上げの拡大の歴史の中で、利用する宅配会社の数を増やしてきています。

アマゾンのミッションの１つは「カスタマーセントリック」＝「顧客中心主義」です。購入したお客様に届けられないという事態に陥らないよう、中長期の視点から運べるキャパシティを増やしてきました。

私は米国で数多くのネット通販物流センターを直接見てきましたが、そのほとんどがＵＰＳを９割以上利用していました。アマゾンの出荷量が今後も増加していくだろうと考えたＵＰＳは「これ以上運べない」と音を上げ、その結果、アマゾンはＦｅｄＥｘを多く使うようになりました。その後、競争力の強化という意味あいからも、ラストワンマイル（お客さんの手元に届けるための最終のルート）の分散化を図っています。

その一例が、宅配便シェア第３位のＵＳＰＳ（米国郵便公社）の活用です。ＵＳＰＳは業界３番手というものの、上位２社に比べて物流品質で大きく劣る、というのが米国での評価でした。一方、住宅地への配達は、郵便物もあるため、密度が高く、低コストだという利点があります。このメリットを活かし、マイナス面を最小限に抑えるために、ＵＳＰＳ専用の仕分けセンターを用意し、ＵＳＰＳは最寄りの郵便局からユーザーの手元まで届けるだけですむ体制を作り上げました。またＵＳＰＳは労働組合が強く、従来、土日の配送は行なっていなかったのですが、この体制構築により、アマゾンの荷物については土日配送も可能になりました。

多少、品質に問題があったとしても、アマゾンが構築する先進のシステムにより、USPSが抱えるそのマイナス面は十分にカバーすることができ、そればかりか、土日配送という追加サービスを引き出し戦力化しました。アマゾンの高速PDCAサイクルで、USPSは、その品質を上げることができたのです。

さらに、特定の州を中心として輸送ネットワークを持つ地域限定の宅配便事業者である、地域宅配会社も活用するようになりました。

そうした結果、2012年時点で、米国アマゾンが利用している宅配会社の割合は、UPSが30％、FedExが17％、USPSが35％、地域宅配会社18％となり、UPS依存から大きく脱却することができたのです。

このようにアマゾンはカスタマーセントリック経営の考えに基づき、たとえ宅配個数が急増しても顧客に届けるという強い決意から、「上位2社依存からの脱却、地域宅配会社やUSPSの活用」という策を実行してきました。しかし2013年、UPS、FedExのクリスマス遅配問題が発生してしまいます。この出来事はアマゾンにとってあってはならないことですから、後述するように、日本での宅配クライシスに対して全力で対応することになります。

■一般人が自家用車で配送を行なう物流版ウーバー「アマゾンフレックス」

2012年に入ると、アマゾンはまた新たな展開を図ります。

今度は、アマゾンユーザーが多く住むエリアにフルフィルメントセンター（FC）を積極的に設けるようになったのです。消費立地型への戦略転換をしたのです。

この2012年は、アマゾンが初めて消費税の高いカリフォルニアにフルフィルメントセンターを作った年です。消費税よりお届けスピードを優先したのです。

物流センターが、ユーザーから離れた立地にあると、当然ながらユーザーに届けるまで時間がかかります。その時間を短縮するために、消費立地型の物流センターを開設したのです。また、これにより、地域宅配会社の利用もしやすくなりました。

さらにアマゾンは、生鮮食品の即時配達サービス「アマゾンフレッシュ」、最短1時間配送の「プライムナウ」を立ち上げるにあたって、既存の宅配事業者では対応が難しかったことから、自前の配送体制の構築を図りました。消費立地をさらに追求した〝超〟消費立地型の物流センターを開設したのです。

2015年の繁忙期からは、一般人の空き時間を利用して配送を行なってもらうという「アマゾンフレックス」も導入しています。物流版ウーバー（Ｕｂｅｒ）と言われるように、「この時間だったら運べますよ」という一般の人をスマホアプリ上でマッチングさせ、お客さんのもとに購入商品を届けてもらうもので、時給が普通の配送会社のアルバイトに比べ高く設定されていることもあって、競争倍率はかなり高いようです。

アマゾンのベゾス氏は、初期のころからＵｂｅｒに個人的に出資しており、また、同社にアマゾンのグローバル担当役員が移籍してそのノウハウを吸収し、アマゾンフレックスの導入前に戻ったりもしています。

自分で車を持っていればエントリーできますから、子どもを幼稚園に預けている間に配送する主婦、失業中の人、起業の準備中で時間のある若者など、さまざまな人がアマゾンの配達に関わっています。実際に現地のプライムナウの拠点でプリウスやスバルなどの車が積み込みを待っている様子を見ました。通勤の帰り道に宅配の仕事をするようなこともできるので、都合の良い副業にもなります。

■ラストワンマイルを手がける配送車の変化

先述したように、私は毎年合計30日ほどをかけて、定点観測も含めて米国の物流事情の視察に出かけています。その中でアマゾンのラストワンマイルの配送の変化を、この目で見てきました。

２０１６年３月に見たときは、車体にアマゾンのロゴを貼り付けたトラックで配送を行なっていました。それが１００台くらいありましたから驚きました。サンフランシスコで見たのですが、その３ヵ月後の６月にはシカゴでも発見しました。ウォールストリートジャーナルは私の最初の発見の半年後に報道していましたから、自分のラッキーさにも驚きました。

さらに同じ年の10月には、（日本でいえば白ナンバーで違法になってしまうのですが）ロゴの入っていないトラックをドライバーに貸し出して荷物を届けていました。きっちりと整理された日本の宅配便のトラックと比較すると、お世辞にもきれいに積んでいるとは言えない状態でしたが、ユーザーのもとにきちんと届けばそれでもいいのでしょう。そして2017年になると、トラックだけではなく、普通の乗用車で運ぶ光景が見られるようになりました。特に環境問題に厳しいカリフォルニア州での定点観測だったからか、ハイブリッド車のプリウスなどの日本車で運んでいたりします。

こうした変化は、米国メディアでも取り上げられることは少なく、実際に現地を定点観測しているからこそ気づけることですが、アマゾンの配送方法に対する飽くなき進化の一端を見たような気がします。

これまで見てきたように、アマゾンではその時点での物流の最適化をめざし、ときには物流戦略を大きく転換しながら、UPS→FedEx→地域宅配会社→USPS→自前配送→アマゾンフレックスというように宅配方法の選択肢を広げてきました。幹線輸送用のトレーラー数千台を保有したり、航空機（ボーイング767F　20機）をリース導入して配送委託会社に貸し出したり（今後42機をリース導入予定）、無人小型ヘリコプターのドローンによる配送サービス「アマゾン・プライム・エア」の実証実験を行なったりもしています。ほかにも新たな展開への投資や準備に抜かりはありません。

■アマゾン・ロッカーの失敗を生かし、「ザ・ハブ」を開始

２０１７年、日本では宅配便の「再配達」問題がテレビや新聞などのメディアで大きく取り上げられ、私も多くの番組で解説しました。もっとも宅配業界内では、それ以前から、ＥＣの成長に伴う宅配便の取り扱い個数の急拡大と、それによって生じる「再配達」を課題としてとらえてきました。

２０１５年9月には、国土交通省が「宅配の再配達の削減に向けた受取方法の多様化の促進等に関する検討会　報告書」をまとめ、その中で、宅配便の約2割が再配達になっているという現実が明らかにされました。それを契機に、コンビニ受け取り、宅配ロッカー、店舗受け取り等々、宅配以外でのＥＣ購入商品の受け取り方法に関心が集まるようになりました。

米国では、住宅事情が日本と違っていることもあり、受け取り人不在時には「置き配」（玄関先などに置いていく）で対応することが主流となっており、日本のような再配達問題は顕在化していません。しかしユーザーの利便性を第一に考えるアマゾンでは、受け取

り方法の多様化にも先んじて取り組んでいます。

２０１１年からスタートしている「アマゾン・ロッカー」は、コンビニエンスストア、スーパー、ドラッグストア内に、アマゾン商品受け取り専用のロッカーを設置し、店舗の営業時間内であればいつでも商品を受け取ることができるという、一見、便利なものです。

スタート当初は、アマゾン・ロッカーを設置すれば、アマゾンの商品を受け取るために来店した際に、ついで買いも促進され、店舗としても売上げアップを期待できるということで、設置に踏み切るチェーン店もありました。ところが、いざふたを開けてみると、店舗の売上げ増は期待外れに終わり、また、アマゾンの商品しか受け取れないということも、ユーザーからするとあまり便利なものと映らなかったため、アマゾン・ロッカーはピークからすでに減少傾向にあります。

しかしそこで終わらないのがアマゾンです。

ユーザーにとっての利便性は、アマゾン以外のＥＣ商品も受け取れることと捉え直し、２０１７年７月、宅配事業者、ＥＣ事業者の別に関係なく、どこの宅配便でも受け取ることのできる「Amazon the hub（ザ・ハブ）」というサービスを開始しました。ＥＣを利用するユーザーなら誰でも利便性を享受できるという、オープンプラットフォームの発想です。

ユーザーが受け取りを希望するザ・ハブの場所を指定し、荷物が届いたというメールを受け取った後に、指定場所にあるザ・ハブで受け取りコードを入力すると、トビラが開き、商品を受け取ることができます。

ちなみに、日本でも公共宅配ロッカーの整備が進められています。

私が代表幹事を務める集まりに「宅配研究会」があります。年間1億3700万個を出荷する荷主企業グループ（ネット通販、物流代行会社）がメンバーとなり、「宅配事業者と協力し、安定供給と安定価格の実現をめざす」ことをミッションに、2014年2月に設立しました。

この会では、人々の生活意識やライフスタイルそのものが多様化し、宅配荷物の受け取り方にも大きく影響が出ている状況を踏まえ、「再配達を削減する5つの方法」を提唱してきました。5つの方法とは、次のようなものです。

1．アプリやWeb、電話連絡を活用した双方向のコミュニケーション強化

2．自宅宅配ボックス等の整備促進と機能の充実
3．社会インフラとしての公共宅配ロッカーの整備促進
4．コンビニなど店舗での受け取りのさらなる利便性向上
5．宅配会社の営業所受け取りのサービス充実

このうち、公共の宅配ロッカーでは、ヤマト運輸、佐川急便、ＤＨＬ、順豊エクスプレスに対応した「ＰＵＤＯステーション」、日本郵便の「はこぽす」、楽天市場での購入商品専用の「楽天ＢＯＸ」があります。

しかし、それぞれ使い方やサービスの内容が異なっており、さまざまなＥＣを利用するユーザーの立場からすると、あまり便利に感じられないものになっています。利用者が増えなければ、設置も進んでいきません。利用者を増やしていくためにも、アマゾンのザ・ハブのように、運用方法や使い方を共通化していくことが期待されています。

■未来の顧客を育てる「アマゾン・キャンパス」

またアマゾンでは大学の構内に受け取り拠点を積極的に設置しています。「アマゾン・

シンシナティ大学にある「アマゾン・キャンパス」

キャンパス」と呼んでいるもので、その名からわかるように、大学のキャンパス内のお店で、教材から寮生活に必要な日用品まで、キャンパスライフの必需品が割引価格でアマゾンから購入することができ、商品の受け取り拠点としても機能しています。２０１８年4月現在、15州31大学にまで広がっています。

　アマゾン・キャンパスにはアマゾン・ロッカーと同じようなロッカータイプの受け取りボックスが設置されており、受け取りだけでなく、返品時にも利用することができます。プライム会員であれば当日または翌日配送も無料。アマゾン・ロッカーと違い、スタッフが常駐していますから安心感もあります。

　学生としてはキャンパス内に受け取り拠点があ

ればば便利に活用できますし、配送する側としても、1ヵ所にまとめて届ければいいわけですから配送効率もよくなります。学生時代から、アマゾンの利便性（取り扱いアイテムの豊富さに加え、受け取りの利便性）に慣れてしまえば、社会に出て、家庭を持ち、消費意欲が高まってきたときには、アマゾンの積極的なユーザーに育っているでしょう。アマゾンはそうした後々のユーザー獲得ということも視野に入れ、アマゾン・キャンパスへの投資に積極的なのだと思います。

実は中国でも、アマゾン・キャンパスとよく似た発想で、大学内に物流拠点を展開しているところがあります。現に、アリババの創業者であるジャック・マーが手掛ける物流事業では、学生数が3万人というマンモス校のキャンパス内に物流拠点を設置しています。十数億人という人口を背景にした中国では、スケールの大きなビジネスが今後も展開されていくのでしょう。

■「アマゾン・ゴー」を展開する真の狙いとは？

２０１６年12月、アマゾンに関するトピックが日米で大いに話題となりました。

日本では、まず、ボタンを押すだけで日用品ブランドの注文ができる「Amazon Dash Button（アマゾンダッシュボタン）」を発売。そして最短１時間以内配送の「プライムナウ」が２０１６年11月15日より東京23区内すべてで利用できるようになりました（現在は、東京都・神奈川県・千葉県・大阪府・兵庫県の一部エリア）。

また、国内で13番目の新物流拠点となった「アマゾン川崎ＦＣ（フルフィルメントセンター）」では、お掃除ロボットのような形状の自走式ロボットが倉庫内を動き回り、ピッキングにかかる移動時間を大幅に減らす効果のあるロボット在庫管理システム「Amazon Robotics（アマゾン ロボティクス）」を２０１６年９月に国内で初めて導入、その内容が公開されました。

米国に目を転じると、レジのないコンビニ型実店舗「Amazon Go（アマゾン・ゴー）」の実験店舗が２０１６年12月に突然YouTubeで公開され、世界最大のＥＣとして数々の実店舗を窮地に追いやってきたアマゾンが「いよいよ実店舗を展開か」という噂まで飛び交いました。

この「アマゾン・ゴー」の動画は、入店から商品選び、出店（と同時に精算される）までの様子がアップされていましたから、ご覧になった方も多いかと思います。当初はアマゾン社員だけが使えるテスト店としてスタートしていましたが、オープンから約1年経った2018年1月には、一般客が利用できるようになりました。

私は「アマゾン・ゴー」をたびたび訪れ、シアトルにある1号店では実際に買い物を体験してきました。

店内に「NO LINE（レジ待ちなし）」と掲示されているとおり、ランチタイムや出勤時間帯に発生するレジ待ちは一切ありません。「good food fast」（その場でおいしいもの）、「fresh made」（作りたて）、「meal kit」（簡単に調理できる料理セット）と書かれた案内ボードがあり、店内では「アマゾン・ゴー」の名前入りエプロンを着けたスタッフがデリカテッセンをせっせと作っていました。

ここまでであれば普通のコンビニとあまり見た目は変わりませんが、店内をよく見ていくと、至るところにセンサーカメラが設置され、端々で先端のテクノロジーの香りを感じ取ることができます。

一度に200人を認証できる（入出管理はもちろんのこと精算も）そうです。つまり200台のレジが同時に稼働しているのと同じことですから、ものすごいレジ処理能力です。しかも精算で間違ったというニュースは漏れ伝わってきていませんから、正確性という点でも問題なくクリアしているということでしょう。そればかりか、よくよく調べてみると、この「アマゾン・ゴー」に関わっているテクノロジーは、比較的身近なものが多く使われ、コストも想像よりかからないものだということもわかってきました。

また、シアトル以外の場所に新店をつくるという報道がありました。サンフランシスコとシカゴの２ヵ所で、シアトル店同様、ランチで人がごったがえすビジネス街です。シカゴの予定地も見てきましたが、出店場所はビジネス街にしぼっています。

この「アマゾン・ゴー」をアマゾンが展開するねらいについて、「アマゾンのコンビニ進出」といった論調が多く見られましたが、私は「決済の新しい仕組みとしてシステム販売をしていくのではないか」という見方をしています。

以前、「アマゾンログイン&ペイメント」（現アマゾンペイ。アマゾンにアカウントを持っていれば、住所や決済方法などの情報を新たに登録しなくとも、決済することができるサービス）を始めた際に、独立したＥＣサイトに対し、「これを導入すれば、お客さんの決済の手間が省け、売上げアップにつながりますよ」と提案していたように、「アマゾン・ゴー」についても、リアル店舗での店舗オペレーションと決済を簡単にするシステムとして展開していくのではないか、と考えています。

先例として、ＡＷＳがあります。自社で使っているものを他社に使ってもらうことで自社収益にしており、今やアマゾンの利益上では大黒柱になっています。

もちろんこの根底には「顧客の買い物利便性を究極まで高める」ということがあります。アマゾンには、この目的に向かって、目先の採算を顧みることなくＲ＆Ｄ投資を続けていくという強い意志を感じることができ、その企業姿勢には一切のブレがありません。

２０１８年４月、２０１７年に米国企業が研究開発に投資した額の上位ランキングが公表されました。それによるとアマゾンの約２３０億ドル（約２・５兆円）がトップで、２位がグーグルの親会社のアルファベットで約１７０億ドル（約１・８兆円）、以下、インテル、マイクロソフト、アップルと続いています。アマゾンは２０１６年もトップで、２０１７年はそこから約41％、投資額を増やしていました。

■「アマゾンフレッシュピックアップ」でグローサリー市場を奪いにいく

「アマゾンフレッシュピックアップ」の店舗

ところで、現在、アマゾンが展開するリアル店舗は「アマゾン・ゴー」だけではありません。「アマゾン・ゴー」とは違った狙いを持った2つの業態があります。

1つが「Amazon Fresh Pickup（アマゾンフレッシュピックアップ）」で、もう1つが「Amazon Books（アマゾンブックス）」です。

「アマゾンフレッシュピックアップ」は、生鮮宅配サービス、アマゾンフレッシュで注文した商品の受け取り拠点として利用できる店舗です。専用アプリで生鮮品を購入した後、アマゾンフレッシュピックアップの駐車場スペースに行くと、注文から最短15分で商品を受け取ることができます。アマゾンフレッシュプライム会員であれば、取りに行くわけですから1品の購入から送料はかかり

「アマゾンフレッシュピックアップ」の接車バース

ません。

オープン前に、私が視察してきたシアトルの店舗は、9台分の停車スペースが用意され、カウンターだけの店内に入って商品を受け取るか、駐車した車のトランクに商品を入れてくれる仕組みでした。

現在、営業している2つの店舗はいずれも、生活幹線道路沿いにあり、車の運転に慣れていない人でも出入りしやすい交差点に近い立地にあります。店舗＝ピッキング倉庫の面積は約300坪。通常のスーパーではありえない大型のトレーラーが接続できるドックがあります。さすが、物流を重視するアマゾンです。この店舗の中の倉庫部分で、購入商品をピッキングし、梱包し、お客さんへの受け渡しを行なうわけです。

先述したように、私が社長を務めるイー・ロジットでは、毎年、米国の物流・流通事情の視察ツアーを行なっています。少人数で会社の代表だけが参加できるＶＩＰツアーでは、一軒家を借り、現地のＥＣサービスや、買い物代行、シェアリングサービスなどを実体験するという趣向も凝らしています。２０１７年の視察ツアーでは、アマゾンフレッシュピックアップを２ヵ所で利用してみました。１回目は夕方（17時30分ごろ）、２回目は14時ごろに注文を入れました。夕方に混み合っているのは当然としても、２回目のアイドルタイムでも利用者が目立っていました。全体がうまく回転しているということでしょう。

また、このアマゾンフレッシュピックアップは、アマゾンフレッシュの受け渡し拠点であるだけでなく、配送拠点としても機能しています。アマゾンフレックスのように配送だけを請け負う人たちが、このフレッシュピックアップから商品を受け取り、ユーザーのもとに届けています。

米国証券会社Cowen&Co.による、米国グローサリー市場に関する調査があります。それによれば、生鮮食品を中心とするグローサリー分野は、その商品の購入にＥＣを利用したことのない人がまだ9割近くもいると言われ、2017年の成長率では、EC市場全体が15・5％であるのに対し、グローサリーECは34％であり、今後、グローサリーECがさらに伸びていくことは間違いありません。

また、グローサリーは、EC注文でも特に店頭受け取りを希望する層が多く、2015年7月のアドビの調査では店舗受け取り希望が18％でしたが、1年後の2016年7月には45％と、2・5倍に増えています。

アマゾンフレッシュピックアップは、アマゾンフレッシュを補完するサービスです。しかし、グローサリーECは店舗受け取りを希望するユーザーが多いということからも、単なる補完サービスではなく、本丸を本気で取りに行く（＝グローサリー分野のシェアを奪う）ために欠かせないサービスと位置付けていると考えられます。

そのことをより鮮明に示したのが、2017年8月に手続きを完了した、米国、カナダ、英国に460を超える実店舗を有する、自然および有機食品のスーパーWhole Foods Market（ホールフーズ・マーケット）の買収です。アマゾンが実店舗を持つホールフーズを傘下に入れたことにより、世界最大の小売企業、ウォルマートとの間のグローサリー分野での戦いの構図が、明確になりました。

■ウォルマートとの戦いは今後どうなっていくか

アマゾンとウォルマートの戦いを簡単に整理してみましょう。

2017年6月、アマゾンは低所得者向けにプライム会員費を低く設定し、ウォルマートの得意とする低所得者向けを意識させることで軽くウォルマートけん制しました。その次に来たのが、ホールフーズ買収という強烈な一手です。もともと中堅から高所得者層に強かったホールフーズをアマゾンが手にしたことで、高所得者のマーケットにウォルマートが付け入る隙を与えないという作戦が可能になりました。

一方、ウォルマートも負けてはいません。Jet.com（打倒アマゾンをめざして立ち上げられた完全会員制通販サイト）やBonobos（男性向けアパレル）、Moosejaw（アウトドア衣料・用品）、Shoebuy（靴）、ModCloth（衣料&ファッション小物のセレクトショップ）などブランド力のあるネット通販企業を買収し、Jet.comの創業者であり、過去アマゾンを苦しめた経験もあるマーク・ロア氏をグローバルeコマース事業部の最高責任者に就けることで、アマゾンへの対抗を図っています。

ＥＣの巨人アマゾンと、世界最大の小売企業ウォルマートとの戦いは今後、どうなっていくのでしょうか。

先述のCowen&Co.の米国グローサリー市場に関する調査によれば、２０１７年にアマゾンは第9位にランクし、４年後の２０２１年には、ウォルマート、全米最大のスーパーマーケットチェーン、クローガー（Kroger）に次ぐ第3位になると予測されています。


以前、リアル店舗が圧倒的に強く、ＥＣには不向きと言われたカテゴリーに、アパレルとグローサリーがありました。

アパレルは、直接身につけるものだけに、ネットの情報だけでは「ユーザー自身のスタイルにサイズが合っているか」がわからず、またデザインや形状は手で触って確かめないと、本当に気に入ったものかどうかわからないから、というのが理由に挙げられていました。また、グローサリーの場合、鮮度や傷んでいないかを確認するには現物を見てみないと判断がつかない、という声が多くありました。

ところが最近のアパレル市場を見ると、アマゾンのアパレルの販売数量は、老舗百貨店

■アマゾン vs. ウォルマート

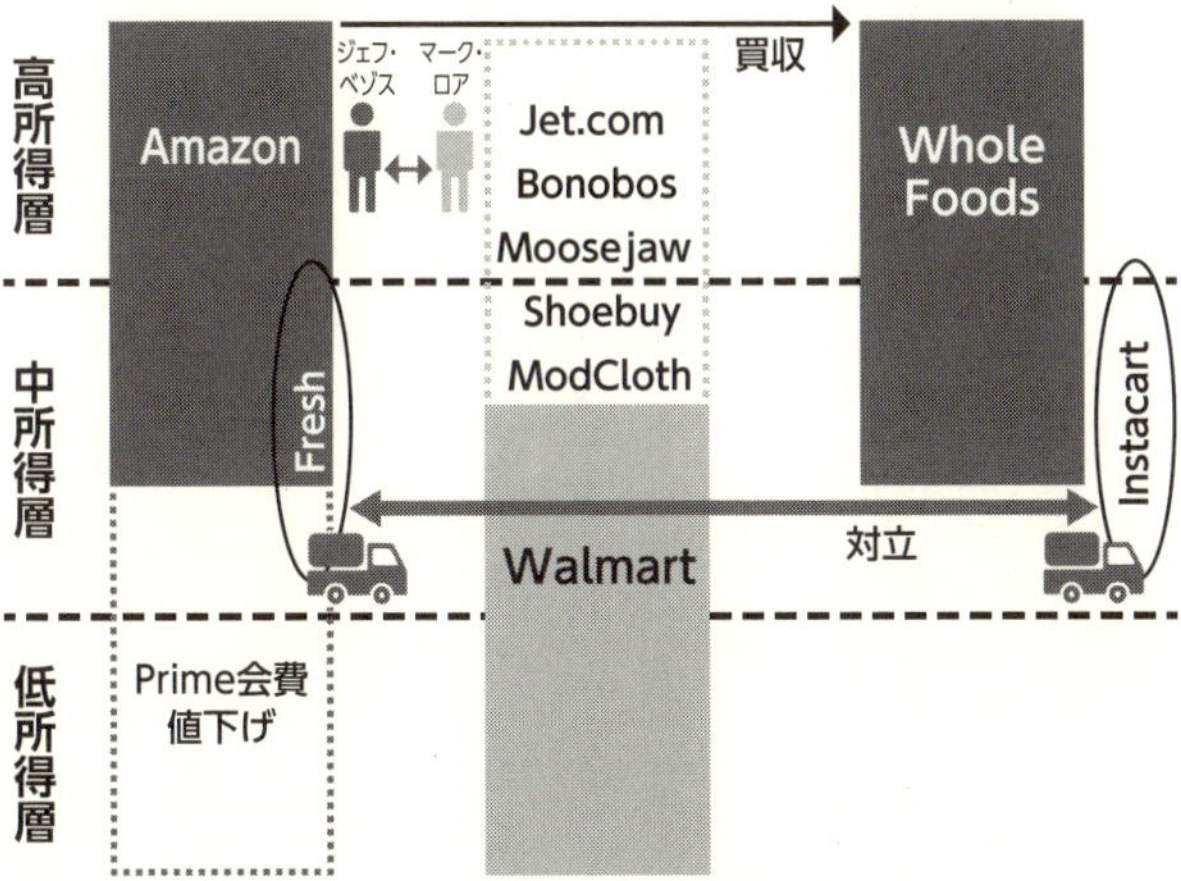

■アマゾンはグローサリー市場でも最大手に

米国グローサリー市場におけるアマゾンの順位（2021年は予測）

出典：米国証券会社 Cowen & Co. の調査

のメーシーズ、ウォルマート、ノードストローム（全米で有数の大型百貨店チェーン）、T.J.マックス（アパレル、家庭用雑貨のアウトレット、オフプライス）をすでに上回り、ナンバーワンの存在になっています。しかも、２０２０年には圧倒的な存在、ぶっちぎりになるという予測も出ています。

このアパレルと同じような状況が、グローサリー市場においても、遠からず起こるのではないかと思っています。

アマゾンフレッシュピックアップは、グローサリーのＥＣに対する不安を拭《ぬぐ》い去り、最短15分での商品受け取りを可能にするなど、ホールフーズの買収と同じくらい、アマゾンをグローサリー市場で圧倒的な存在に押し上げるドライブになっていくのではないでしょうか。

■リアル書店「アマゾンブックス」のＰＯＰに価格が表示されていない理由

アマゾンが展開するリアル店舗の３つめが「Amazon Books（アマゾンブックス）」で

「アマゾンブックス」の店舗

す。

その名が示すとおり、アマゾンブックスは書店です。しかし店内の光景は、一般的な書店のそれとは大きく異なります。品揃えについてはアマゾンの購買データから注目の書籍がピックアップされていますが、店内に入ってまず驚くのが、すべての書籍がカバーを表に並べられ（通常は棚にさされているので、背表紙しか見えない書店が大半）、内容の説明が書かれたＰＯＰが掲出されている点。そしてそのＰＯＰには価格が一切表示されていないということです。

アマゾンブックスの店内で本の販売価格を調べるには、ＰＯＰにつけられたバーコードをスマホアプリで読み取るか、店内に設置されたキオスク端末から確認するか、になりますが、その際には必ず2種類の価格が表示されます。1つがプライム会員用のもので、もう1つが会員以外の人用ですが、この2つにはびっくりするほどの価格差があります。

私がシアトルのアマゾンブックスを訪れたときに、最も目立つ位

「アマゾンブックス」店内の様子

店内に設置されたキオスク端末

置に置かれていたベストセラー『Zero to One』の場合、プライム会員が「17・32ドル」に対し、会員以外はなんと10ドル以上も高い「28・00ドル」となっていました。

もっとも、会計時に「プライム会員の無料トライアルをやってみる」と告げれば、会員価格で購入できますから、わざわざプライム会員以外用の価格で購入していく人はいない

と思います。ですから、このアマゾンブックスは、ふだんあまりパソコンやスマホを利用しない人にプライム会員サービスを体験してもらうための入り口だと考えられるでしょう。

また、プライム会員にとっては、このアマゾンブックスは、ゆったり本を読んで過ごせる憩いの場でもあります。

ここまで、アマゾンが展開する３つのリアル店舗（「アマゾン・ゴー」「アマゾンフレッシュピックアップ」「アマゾンブックス」）について見てきましたが、いずれからもわかるように、従来からあるリアル店舗の考え方とは異なる、チャレンジングな店舗になっているのです。

日本と米国では、さまざまな点で置かれている経済環境が異なります。したがって、これらのリアル店舗が今すぐ日本に入ってくることはないと思いますが、ポップアップストア（期間限定ショップ）としては、日本でもアマゾンのリアル店舗はたびたび展開されています。

２０１４年のクリスマス限定ショップが最初で、その後は、アマゾンが１年に一度開催

「アマゾンバー」店内の様子

するビッグセール「アマゾンプライムデー」に限定したリアル店舗を出店しています。これらは、主にセールの盛り上げと、アマゾンのサービスを試してもらうことを狙いとしていましたが、２０１７年10月、東京・銀座に出店した「アマゾンバー」は、いかにもアマゾンらしいショップでした。

10日間の期間限定で、有名バーが立ち並ぶ銀座７丁目に出店した「アマゾンバー」は、まず、専用端末でカクテルのベースとなるお酒の種類を選び、それから５～６問ほどの簡単な質問（例えば「今日はどんな日でしたか？」というような）に答えると、５０００種類あるメニューの中から、その日の気分に合ったカクテルを、アマゾンのＡＩ（人工知能）がレコメンドしてくれ、出てくるレシートをレジまで持っていって精算するという仕組みになっていました。

初日から、２００人近い入店待ちの列ができるほどの話題となっていましたから、私は行列待ちを避けようと、あえて台風接近の日を選んで足を運びましたが、それでも入店待ちの列ができていて、ものすごい人気ぶりでした。

■宅配クライシスを、アマゾンはどう乗り切ったのか?

２０１６年9月、ヤマト運輸で宅配ドライバーの採用が進まなくなりました。そのまま、最繁忙期の12月に突入するわけにもいかず、これまで徹底されてきた「顧客との接点は自社の従業員」という教えが破られました。それでも、サービス残業問題も露呈し、２０１７年3月に【ヤマトショック】として、多くの消費者にその窮状が知られることになりました。当時、私は「めざましテレビ」「とくダネ!」「ひるおび!」「ZIP!」「ワイド!スクランブル」といったテレビ番組に相次いで出演し、番組によっては最長30分も解説することとなりました。

このヤマトショックはその後、ほかの宅配事業者の便乗値上げもあったり、遅配を叩かれたりして、【宅配クライシス】と名を変えました。

そしてアマゾンも、ヤマト運輸の最大荷主として、他人事でなく、大幅値上げと総量規制を受けることになりました。誰もが、アマゾンが危機的状況に陥ると言っていましたが、私は「アマゾンは、どんな努力をしても乗り切る」と言っていました。そして、実際にそのとおりになりました。

ではどうやって、アマゾンは宅配クライシスを乗り切ったのでしょうか?

興味深いデータが、ウケトル（再配達問題解決アプリ）から出てきました。２０１７年4月と２０１８年4月のアマゾンの宅配会社の利用率です。アマゾンはヤマト運輸への委託比率を71・37%から49・25%に減らし、地域宅配会社（デリバリープロバイダ）への利用を5・03%から20・28%に増やしたということがわかりました。それまで、日本郵便の利用を大きく増やしたと言われていましたが、そうではなかったことがわかりました。

２０１７年にも私はメディアで言っていましたが、２０１５年11月から始まったプライムナウは、このヤマトショックを予見して展開したんだろうと思っています。実際に、この決断がなければ、宅配クライシスをアマゾンは乗り切ることができなかったでしょう。日本のアマゾンは当日配送サービスや、1時間以内配送のプイライムナウを展開しながら、ヤマト運輸以外の宅配事業者、とりわけ地域宅配会社の活用を進めてきました。

■アマゾンは、いかにヤマトショックを乗り越えたか？

●宅配会社利用率の変化

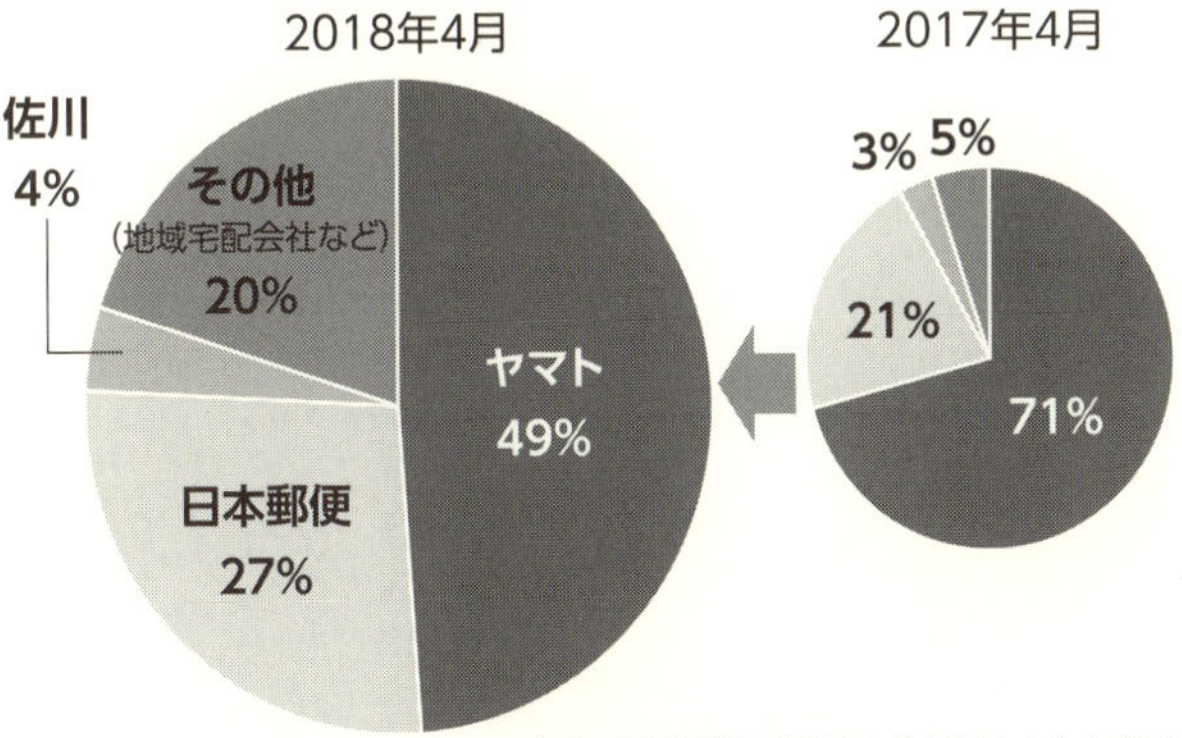

出典：再配達問題解決アプリ「ウケトル」調べ

■アマゾンと楽天の利用宅配会社の比較

●2018年4月

	ヤマト	日本郵便	佐川	その他	合計
アマゾン	49.25%	26.66%	3.81%	**20.28%**	100.00%
楽天	24.02%	36.42%	39.56%		100.00%

●2017年4月

	ヤマト	日本郵便	佐川	その他	合計
アマゾン	71.37%	20.67%	2.93%	5.03%	100.00%
楽天	45.51%	21.31%	33.18%		100.00%

出典：再配達問題解決アプリ「ウケトル」調べ

現在、プライムナウは7社の物流会社を地域宅配会社として育成し、提供エリアを着実に広げています。米国ではUPSから始まった総量規制を乗り切り、FedExとの取引拡大、地域宅配会社の開拓、USPSとの取引、そして、新たな配送方法の構築に努めてきたアマゾンですから、この宅配ショックを予見し、乗り切る手も着実に打ったのです。

このように、アマゾンは、ロジスティクスカンパニーだとジェフ・ベゾスが言うように、ロジスティクスへの投資を続けています。これによって、アメリカ、日本、ヨーロッパだけでなく、多くの国の小売業界を制覇していくことでしょう。

第2章

ニトリの物流戦略

■都市部へ進出する「お、ねだん以上。」ニトリ

「お、ねだん以上。」でおなじみの、家具・インテリア製造販売チェーンのニトリホールディングス。２０１７年には展開店舗数が５００店を超え、日本全国47都道府県はもちろん、経済成長著しい中国でも20店舗以上を展開しています。

実は、このニトリグループの出店を見ていくと、２０１５年あたりから戦略が大きく変化していることがわかります。

わかりやすい一例が、２０１５年4月にオープンしたニトリプランタン銀座店（現マロニエゲート銀座店）です。ニトリではそれまで郊外での出店が中心で、首都圏での出店もありましたが、東京近郊を環状に結ぶ国道16号線沿いに大型店舗を配置するというのが通例でした。それが都心中の都心、銀座への出店です。売場面積、取り扱い商品ともに、通常のニトリ店舗の3分の1以下の規模ですが、ターミナルエリアや、百貨店内の出店は、このプランタン銀座店が初めてです。

プランタン銀座店の出店以降、ニトリの都心部への出店が加速していきました。

２０１６年は、9月に高級インテリアショップとして知られる「BALS TOKYO」（東京・中目黒、２０１６年5月閉店）の跡地にニトリ中目黒店を出店すると、12月には東京・新宿のタカシマヤタイムズスクエア南館（紀伊國屋書店新宿南店あと）にも出店。また、初めての駅直結の商業施設への出店として上野マルイ店をオープンさせました（同年10月）。

２０１７年になると、1月に名古屋駅前の名鉄百貨店本店内にニトリをオープン。３月には、東武池袋店、アトレ目黒店、リニューアルしたマロニエゲート銀座店を同日オープン。さらに6月、ビルの全9フロアを利用した山手線沿線内で最大規模の大型店「ニトリ渋谷公園通り店」、10月に東急吉祥寺店、11月にも立川高島屋店と出店を続けています。

都心部への出店と並行して、新業態の都市型小型店「ニトリEXPRESS」の1号店（札幌エスタ店）を出店しています。この「ニトリEXPRESS」の展開がスタートしたことで、通常のニトリ、ホームファッション・雑貨中心の「ニトリ デコホーム」に「ニトリEXPRESS」を加えた、３つの業態を戦略的に展開していく方向性が明確になりました。

ニトリEXPRESSは小型店なので家具の展開においては、ネット注文を組み合わせてニトリのフルサービスを提供するというのが特徴です。またニトリ渋谷公園通り店のように、ショールーミング用のスペースとしての活用を意識しているニトリ店舗もあります。デコホームでは、ニトリで取り扱いがないオリジナル商品の開発・販売を進めていくようです。

■店舗運営、メーカー、物流、宣伝……機能ごとに分社化

物流部門でも、メディアがこぞって取り上げるようなトピックがありました。

２０１６年２月、ニトリホールディングスの物流子会社ホームロジスティクスが、川崎市にある通販発送センター内にロボット倉庫「AutoStore（オートストア）」を導入しました。国内では初の試みです。

このオートストアは、自動倉庫の一種ですが、通路を設けないため、保管効率が極めて高い倉庫です。通常、物流センター内で最も作業量が多いと言われる「商品のピッキング作業」を省力化し、作業時間の大幅な短縮とピッキング精度の向上が期待できるもので、ノルウェー企業が開発しました。この導入によって、ピッキング作業での生産性は5倍以

上向上し、予定よりも早いタイミングでの投資回収が見えてきたと言います。

通常、ネット通販用倉庫でのピッキングは、作業スタッフにとって、商品の大きさや種類もさまざまで、1日の移動距離も相当長くなり、またピッキングする際の姿勢も腰への負担がかかる作業です。作業そのものは単純でも、肉体的な負荷がかかり、その結果、人手の確保もますます厳しさを増しています。その点についても、オートストアの導入によって、腰に負担のかからない姿勢でピッキングできるようになり、職場環境としても改善したそうです。


ニトリホールディングスは、2018年2月期決算で、31期連続の増収増益を達成。2019年2月期には、さらなる成長が見込まれています。

ちなみにニトリホールディングスは、従来、商品企画から製造・物流・販売までを一貫してプロデュースする「製造物流小売業」として事業を展開してきたニトリが、2010年、消費者の生活防衛意識の高まりによって経営環境が厳しくなるなか、個々の機能ごとに分社化し、グループ全体としてのスピーディな経営判断を行なっていくために生まれた持ち株会社です。

■機能ごとに分社化

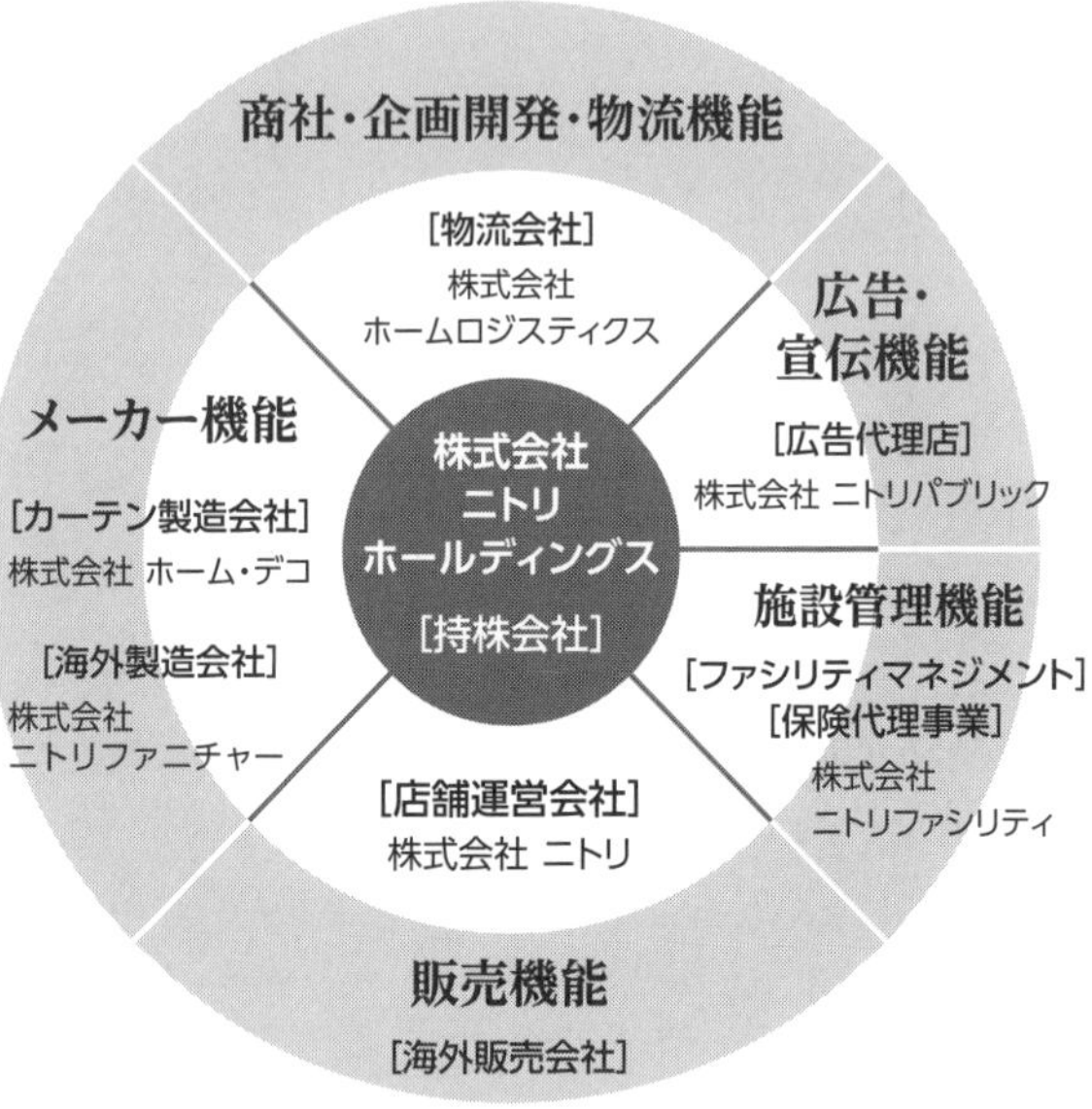

出典：ニトリのHPをもとに作成

現在、その傘下には、販売機能を持つ店舗運営会社としてニトリ、メーカー機能として海外での調達・生産を担うニトリファニチャー、物流会社のホームロジスティクス、広告・宣伝機能のニトリパブリック、保険代理事業のニトリファシリティなどの事業会社があります。各事業会社はグループ内の機能会社として、効率化と高い品質の提供を両立させるべく事業を展開していますが、ホームロジスティクスのように、自社の付加価値を高めるためにグループ外に対するサービス提供を事業化しているところもあります。

■ニトリの強さの根幹「成功の5原則」

経済産業省の商業統計によれば、家具小売業の商品販売額は１９９１年（平成3年）の2兆７３００億円規模をピークに、２０１４年（平成26年）はピーク時の3分の１以下の８７４３億円に縮小しています。事業所数についても、１９９１年の約１万２０００件から、２０１４年には３７５８件にまで減少しています。

矢野経済研究所では、寝具や家具、タンス、照明器具、インテリア・雑貨等を対象にしたホームファッション小売市場に関する調査を行なっています。最新のもの（２０１７年）によれば、「大手家具小売チェーンによる郊外から都心部、また大型店から小型店へと展開する店舗戦略が奏功し、ホームファッション全体を牽引している」と分析していますが、市場として見たときには、２０１４年以降は、「横ばい」か「微増」であり、市場規模としては3兆５０００億円前後を上下しています。商業統計に見られるような縮小市

■ニトリの長期ビジョン

1973-2002年	2003-2032年
第1期30年ビジョン 100店舗　売上高**1,000億円**	**第2期30年ビジョン** **3,000店舗　売上高3兆円**

2003年	100店舗　売上高**1,000億円**達成		2017年	500店舗　売上高**5,500億円**へ 日本の暮らしを変革。グローバル チェーン展開の本格的なスタートへ
2009年	200店舗　売上高**2,000億円**達成		2022年	1,000店舗　売上高**1兆円**へ 世界でドミナントエリアを拡大し、 暮らしの変革へ
2012年	300店舗　売上高**3,400億円**達成		2032年	3,000店舗　売上高**3兆円**へ 世界の人々に豊かな暮らしを 提案する企業へ

出典：ニトリのアニュアルレポート
（2017年2月期）より

場ではありませんが、魅力的な成長市場かといえば、明らかにその反対でしょう。

しかしニトリグループは、このような市場を舞台にしながらも、31期連続増収増益、今後も右肩上がりの成長を計画しています。２０２２年のビジョンは、「世界でドミナントエリアを拡大し、暮らしの変革へ。」をキャッチフレーズに「１０００店舗、売上高１兆円」。２０３２年は「世界の人々に豊かな暮らしを提案する企業へ。」のキャッチフレーズのもとに「３０００店舗、売上高３兆円」の達成をめざしています。

２０１３年以降のアベノミクス効果により、ここ数年、企業業績は上向いてきているとはいえ、ニトリの力強さは尋常のものではありません。ニトリはなぜ、成長を続けられるのか。その背景にあるものを考えてみましょう。

ニトリの強さの1つに、「成功の5原則」があります。

ニトリグループの社内では、「ロマン・ビジョン・意欲・執念・好奇心」が成功の5原則として知られています。これは同社が求めている人財の主な素養でもあります。

5原則を1つずつ、具体的に見ていきましょう。

まず、一生涯の目標を持つこと。そうした「ロマン」と「ビジョン」があって初めて、仕事に対してもやる気、「意欲」や「熱意」が生まれてきます。

そして大事なことは、その目標、「ビジョン」に到達するまではあきらめない、ということです。「うまくいかないのは途中であきらめるからだ」と似鳥氏はよく話されていますが、「成功するまではスッポンのようにくらいついていくこと」、そういう「執念」が必要になるということです。

最後に必要なのが「好奇心」です。ところが実は、これがいちばん難しい。なぜなら、最初から好奇心を持てない人に「好奇心を持て」と言ったところで、簡単には好奇心を持てないからです。

好奇心を持つには、何かのきっかけが必要です。

似鳥会長の場合は、27歳のときの米国訪問でした。きっかけをつかむには、自ら学んだり、本を読んだり、人の話を聞くことなどで見聞を広めることが必要でしょう。仕事であったら全国を回ったり、現場に足を運んだりすることがいかに大事であるかがわかります。

身につけたくてもなかなか身につけられない、こうした「成功の5原則」を習得できるようにする仕組みを、ニトリでは社員の育成制度の中に取り入れています。

例えば、毎年、全国社員の中から約1400人という大所帯でアメリカを訪問する「アメリカセミナー」、短期間にさまざまな職場を経験する「教育配転制度」(配転教育)等です。

こうした教育を通じて、社員は自然と、仕事に対するモチベーションや、働く「熱意」、「意欲」だけでなく、「好奇心」のような個々人の知的・性格的資質に大きく左右される素養も、うまく醸成されていくのだと思います。

■社員1人にかける教育費は、上場企業平均の5倍

次に人財育成に対する考え方です。

ニトリには入社から3年目まで勤続年数に応じて、知識教育や演習といった、さまざまな研修カリキュラムが整備された「ニトリ大学」という制度をはじめ、さまざまな社員研修・教育の制度が整っています。

そのほかにも、4年目以降に義務教育が修了した人が受けられる外部講師を使った「選抜型教育」といったＯｆｆ‐ＪＴ（オフ・ザ・ジョブ・トレーニング＝就業時間内での、働く現場以外での研修教育）、ＯＪＴ（オン・ザ・ジョブ・トレーニング＝働く現場での先輩などからの研修教育）の究極とも言える「教育配転制度」や、自社で２００を超えるコンテンツを用意した「ｅラーニング」等のスキルアップのためのツール、そのほか「アメリカセミナー」「社内語学能力テスト」「教育資格取得一時金制度」「教育マイレージ制度」等、数多くの教育研修の機会が用意されています。

毎年約１４００人が参加するアメリカセミナーは、ニトリのめざす「豊かな暮らし」を実際に体感してもらうため、アメリカの実際の生活と、それを可能にしているチェーンストア企業を視察し、同社の掲げる「ロマン」と「ビジョン」を再確認する研修です。

ニトリがこのような社員に対する人財教育を行なうのは、「世界に通用するスペシャリスト」を育成していきたいという考えからです。

そのために、社員1人当たり年間で平均研修時間を約36・6時間もかけています。1人あたり（パート・アルバイトを含めた）の平均教育費は約26万円。上場企業の平均の5倍にもなります。

人財に対する教育費は、企業の業績次第で経費節減の対象になりやすく、ここ数年は縮小する企業が目立っています。ところが、業績も右肩上がりで好調なニトリでは、ますます人財教育に時間と費用をかけているのです。

以前、私が似鳥会長に、拙著『人が育つ素敵な会社』（財界研究所）執筆のためにインタビューした際、人財教育・人財開発に力を惜しまない理由を次のように話してくれました。

「わが社の会社の目的とは何か？　それは社会に貢献する、世の中に役に立つ、ということが目的なのです。それがロマンであり、志であると。……ではそのロマンとそれを実現するためのビジョンを達成するには何が必要か。やはり人財、人が必要になってきます。

企業は人なりと言うけれども、一番は人を育てるしかない。人によって企業は成り立っているからです」

似鳥氏は会社を創業して間もない、27歳のときに初めて米国を訪れました。１９７２年のことです。初めての米国訪問は、驚愕、感動、感激の連続だったそうです。その体験を通して、似鳥氏はある決意を固めました。

米国と比べてあまりにも遅れた日本の暮らし・生活・住まいを何とかして米国並みに引き上げたい。これが似鳥氏の自分の会社が目指すべき方向になりました。

当時の日本の生活は米国と比べて60年は遅れていたそうです。そこで、会社のビジョンの最終目標年、計画の最終年を、そこから逆算して60年後に設定しました。

２００２年までが30年計画。折り返し地点。そして60年計画の最終年である２０３２年には、先述したように「３０００店舗、売上高３兆円」、世界の人々に豊かな暮らしを提案する企業へ、という目標を掲げています。

■究極のOJT「配転教育」

「本部に5年もいると、現場で目《ま》の当たりにするお客様の立場ではなく、本部の立場、ニトリの立場でしかものを考えられなくなってしまいます。それではどんなに優秀な人でも化石になって動けなくなってしまう。5年一昔と言いますから、5年もすれば企業も成長しているはずだし、事務機器もコンピュータも新しいものに変わっていますよね。だからいったん現場に戻って、もう1回、勉強し直してもらわないといけないのです」（似鳥会長）

本部と現場とで全く話が通じない――。こういう事態はなんとかして避けなければいけません。現場の言うことを理解できず、本部の立場でしかものを考えられなくなった人には、一度、現場に戻ってもらい、これほど現場は変わっていたのか、ということを勉強し直したほうがいいということになります。

だからニトリグループでは、本部と現場の人の異動に関しては、「本部に戻る」という言い方はしていません。「現場に戻る」という言い方をしているのです。ニトリの場合、本部には、むしろ「出向する」といった感覚が正しいのかもしれません。

「現場に戻って1年経って、また本部に来て、長くても5～6年いたら、また現場に戻ります。そうやってどんな人も、本部を2～3回経験します。優秀な人ほど早く動きます。優秀でない人はその分、動きが遅くなります」

この配転教育の狙いは、多くの業務・職種を短期間に経験してもらい、物事を多面的に考え実行できる「スペシャリスト」を育成することにあります。

「小売業の基本は現場にあり」。この考えに基づいたニトリグループの「配転教育」は、現場の仕事を重視する究極のOJTと言えるのではないでしょうか。

■独自のSPAモデル「製造物流小売業」

ニトリといえば、「お、ねだん以上。」。同社では、「お、ねだん以上。」の商品を作り出すために、次の3つにこだわっています。

（1）安さ：買いやすい価格であること

■ニトリのビジネスモデル

● 製造物流小売業

ニトリグループの事業機能とマーチャンダイジング活動プロセス

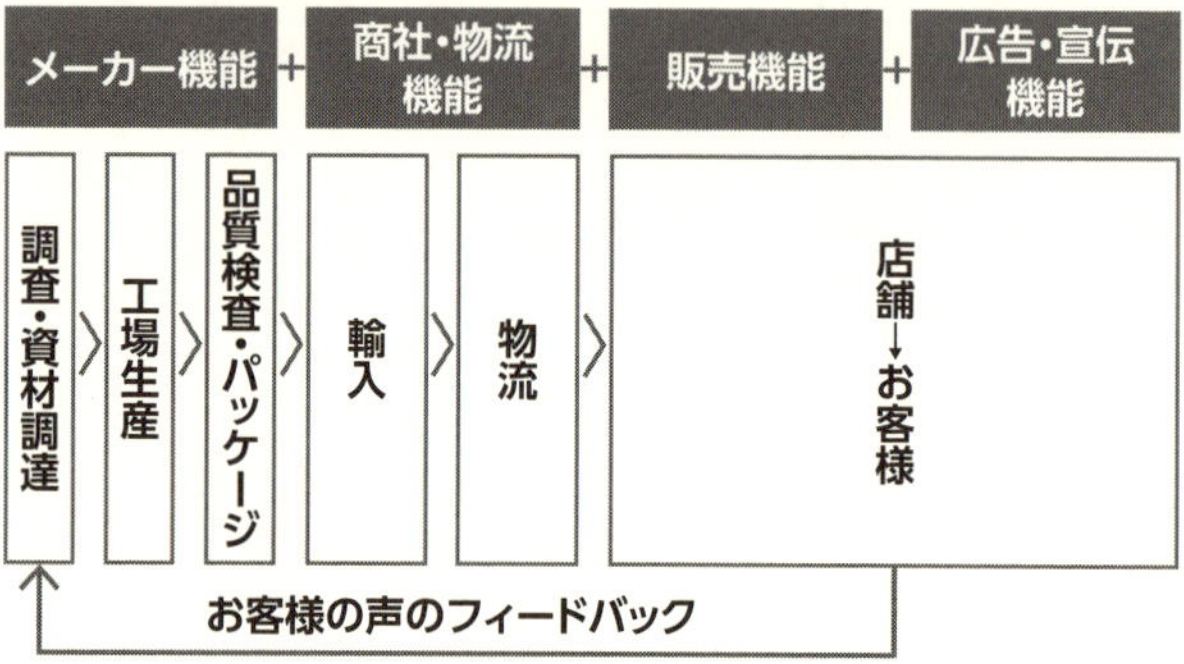

出典：ニトリのHPより

(2) 品質・機能：使用用途に見合った適正な品質・機能であること

(3) コーディネーション：同じ生活シーンで使うものがそろっていること。それらの商品がスタイルと色でつながっていること

ニトリグループでは、独自のSPAモデル「製造物流小売業」を確立し、お客様の暮らし向上商品を提供してきました。製造物流小売業というのは、商品企画から製造・物流・販売までを一貫して、自社でプロデュースするビジネスモデル。SPAといえば「ユニクロ」や「GU」を展開するファーストリテイリング、「無印良品」の

良品計画などが有名ですが、ニトリのように、物流機能まで自社で行なっている例はほかには見当たりません。

また、基幹システムをはじめとしたグループ内で稼働するＩＴシステムも、社内で独自開発したものです。メンテナンスについても、自社内でスピード対応しています。

ニトリが扱う商品の多くは、店舗からそのまま持ち帰ることができないような大型の家具やインテリア雑貨。店舗で代金を精算すれば、そのままお客様が利用できるという商品ではありません。お客様の自宅まで届け、ものによっては設置して初めて、使えるようになるものです。つまり、物流（＝商品の配送）なくしては成立しないと考えられるビジネスです。ニトリが生み出した「製造物流小売業」は、同社ならではの「お、ねだん以上。」を生み出し続ける仕組みと言えるでしょう。

それでは、この製造物流小売業モデルを構成する個々の機能について見ていきましょう。

１）市場調査・商品企画

ニトリでは「お客様視点」のものづくりが大原則。「使う・買う」人の立場に立って、商品を調査分析しています。お客様にとって快適な生活とは何かを徹底的に考え、「お、ねだん以上。」の商品を開発します。

2）商品開発

色・柄・スタイルが統一された商品をゼロから開発し、コーディネートが気軽にできる新たなライフスタイルを提案しています。毎年約1400人が参加する海外研修は、現地のトレンドやデザインを学ぶ場としても機能しています。

3）原材料調達

原材料の仕入れについては、国内・海外（ヨーロッパ、ニュージーランド、チリ、ASEAN諸国など）からあらゆる産地情報を集め、現地に足を運び、供給元を日々、探し求めています。なかにはベッドに使用するウレタン、コイルなどのように、部品の素材の開発から関わることもあります。

4）製造

商品の製造から生産まで、すべて自社で指導・管理しています。商品の約90％が海外生産品（開発輸入品：プライベートブランド）になりますが、ニトリならではの仕組みにより、安定した品質の商品がつくりあげられています。

一般に国産の家具は職人の細かな技術に依存した部品により組み立てられています。しかしニトリの海外製造の現場では、そうした職人の技術に頼らずに品質の高い家具をつくりあげるため、機械的につくれるようにした部品の金型的なものができあがっており、どの工場で製造、組立を行なっても、品質面で問題が生じないような仕組みが整えられています。

５）品質検査

あらゆる角度から安全性や品質を評価し、厳しい基準に合格した商品だけが店頭に並びます。独自の品質基準を設け、日々、品質の改善・改革に取り組んでいます。

品質検査は、協力工場でも、自社工場と同じような基準・体制で行なっています。

6）輸入・物流

商品の輸入からお客様の手元への配達まで、すべて自前の独自の物流網を構築していま す。ＩＴやロボットなど、最新のシステムを導入し、作業の効率化とコスト削減を図っています。自社通関システムを構築してコスト削減をしています。

7）販売

「お、ねだん以上。」の商品を提供することが大前提。実店舗でもネットショップでも、お客様が気軽に楽しく買い物ができる環境づくりをめざしています。

8）コールセンター

顧客満足度向上を目指し、お客様の意見を参考に業務改善に取り組み、よりよい商品とサービスを提供するために、関係部署への迅速なフィードバックを行なっています。

ニトリでは、こうした機能を持つ各部門（各会社）が「お、ねだん以上。」の実現・維持に向けて、日々取り組みを続け、「開発―製造―物流―小売―アフターサービス」の5

つのステップを横断的に進め、ニトリの横断型ＰＤＣＡとして回しています。

■「在庫回転数」の高さは驚異的

ニトリは、家具・ホームファニシングという分野で製造物流小売業という、オンリーワンのビジネスモデルを確立しています。

同社のビジネスモデルは製造小売（ＳＰＡ）の一形態ですが、物流機能も自前で行なっている点で、より進化したモデルと考えることができます。ＳＰＡモデル（あるいは同様のモデル）を展開する類似業種・業態の企業5社との経営数値の比較をしながら、ニトリモデルの特徴を考えてみます。

まず荒利率（＝粗利率）から見てみましょう。

ニトリの場合、類似業種と比較しても、「荒利率」は高くなっています。

現在の体制になる前の大塚家具も、買取りを前提にしたメーカー直取引により、よりよい条件での仕入れを可能にしており、高い荒利率をあげていましたが、1人ひとりのお客様にコンシェルジュのような販売担当者がつくという営業コストのかかるビジネススタイ

■ニトリの経営数値の他社比較

● 5回転超という驚異の高速商品回転

	ニトリ	ユニクロ	大塚家具	島忠	良品計画	バルス
資料期間	2017年2月期	2017年8月期	2015年12月期	2017年8月期	2017年2月期	2011年1月期
売上（百万円）	512,958	1,861,917	57,945	141,167	332,581	33,314
粗利率	54.25%	48.83%	53.21%	33.11%	49.87%	60.59%
販管費率	37.53%	38.95%	52.45%	27.73%	38.36%	54.71%
営業利益率	**16.72%**	9.47%	0.75%	5.38%	11.51%	5.87%
在庫回転数	**5.04**	3.29	1.94	4.57	2.30	2.21

ルだったため、リーマンショック以降の売上げの低迷が影響し、営業利益率を見ると、ニトリとの差は20倍以上になっていました（ニトリの営業利益率16・72％に対し、大塚家具は0・75％）。

次に「販管費率」に目を向けると、ニトリは、ユニクロ（ファーストリテイリング）、MUJIブランドを展開する良品計画とほぼ似た数値になっています。ユニクロやMUJIが量産化しやすいアパレルや雑貨を中心に扱っているのに対し、ニトリの場合、量産化が難しく、物流費のかたまり（お客様自身が店頭から持ち帰ることが難しく、店側が最後まで配送し、しかも組立・設置をする）のような大型家具が主力商品です。当然、ほかの商品に比べコストがかさみやすいはずですから、かなり効率化が進んでいると言えます。

そして「在庫回転数」ですが、ここではニトリが圧倒的です。

ユニクロやMUJIは、1人で何度も買う商品を扱い、マーケティングに長け、商品開発力にも定評がある会社ですから、在庫のムダを抑えられると考えやすいのですが、ニトリの場合は家具・ホームファッションという購買頻度の低いカテゴリーを扱っているわけですから、この在庫回転数の高さは驚くばかりです。

一貫物流による在庫管理を可能にしている独自の物流システム、自前の物流体制により、商品在庫の効率的な活用を進めているニトリの強さの一端が、在庫回転数の高さに表われていると思います。

■ニトリグループ成長の軌跡

製造物流小売業という独自のビジネスモデルを確立し、上場来、31期連続増収増益を更新し続けるニトリ。そのユニークさと強さはどこから生まれてきたのでしょう。ニトリの歴史を簡単に振り返りながら、その背景、理由を考えていきます。

1967年、23歳の若さで似鳥昭雄氏が札幌市に似鳥家具店を創業しました。4年後の1971年には、札幌市内の国道沿いに市内最大級の規模の店舗（売場面積825㎡）を開業。しかしその翌年、同じ国道沿いに数倍もの規模の店舗が出店すると、売上げが急落し資金繰りが悪化するというピンチに見舞われました。

1972年、似鳥氏は打開策を求めて、家具業界のアメリカ視察ツアーに参加。この1週間のアメリカ視察旅行で「人生観が変わった」と後に語るほどの刺激を受けて帰国すると、「日本人が本当の住まいの豊かさを心から楽しめる社会の実現」を企業理念に掲げ、当時わずか2店舗の零細企業が「30年後100店舗、売上高1000億円達成」という高い数値目標を設定しました。

そして、この「ロマン」と「ビジョン」を抱いて、1978年に入会したのが、経営コンサルタントの渥美俊一氏（故人）が主宰するチェーンストア経営研究団体「ペガサスクラブ」です。

渥美氏の理論の特徴は、「先制主義・一番主義」です。わかりやすく言えば、「どこよりも早く出店すること」「地域で狙った商品カテゴリーについてはどこよりも大きな売場を作ること」「どんな経営課題にも真っ先に取り組むことが急成長を可能とする」というもので、ニトリがこれまで進めてきた戦略や展開の根底には渥美氏の理論に通じるものがあるのだと思います。

ペガサスクラブに入会した同じ年に、社名をニトリ家具へ変更、伝統的な家具店からアメリカ型ホーム・ファニシング・ストアへ業態転換する方針を固め、１９８６年には店名を「ホームファニシング　ニトリ」に変更しました。

また、業態転換方針の決定後の１９８０年、札幌市内に物流センター（現札幌ＤＣ）を開設、当時としてはとても珍しかった自動立体倉庫システムを導入しました。

１９８６年、ニトリへ社名を変更。旭川市で高級家具の製造・卸を行なっていたマルミツと資本業務提携（２０００年に１００％子会社化）。１９８９年には札幌証券取引所に上場を果たします。

１９９３年、本州１号店を茨城県に出店。

マルミツとの提携により、海外生産を本格化させ、１９９４年にインドネシアで現地生産をスタートさせました。

1995年、船橋市で関東DCを稼働（現在は閉鎖）。

1999年、九州1号店を熊本市に出店。

2000年、新関東DC（埼玉県白岡市）が稼働。マルミツを100％子会社化。

2002年10月には東京証券取引所一部に上場。2003年12月、30年前に大きな目標として掲げていた「100店舗、売上高1000億円」を1年遅れで達成しました。

同年、ベトナムで現地生産を開始。同じ年、インテリア商品を直接、お客様に届ける横浜発送センターも稼働を始めました。

2004年に関西DC（神戸市）稼働。2005年には中国広東省で恵州DC稼働。同年、海外からDCを経由せず店舗に商品を供給する東京第1TC稼働。2009年、上海PC稼働。

2008年にリーマンショックが発生すると、以降、8回の値下げ宣言を行ない、それまでのペースと変わらない成長を実現しました。

2010年、ニトリはニトリホールディングス（以下、HD）による持ち株会社体制に移行し、販売、製造、物流等の機能ごとに分社化しました、それぞれニトリ、ニトリファニチャー、ホームロジスティクスが担当することになりました。この年の11月には鳥取配送センターが設立され、全国47都道府県の配送網が完成しました。

２０１２年、ニトリグループ外の配送受託業務を開始。

２０１４年、ニトリ社長に白井氏が就任。前社長の似鳥氏は会長 になりました。同年10月、中国初出店（NITORI 武漢群星城店、店舗面積６１３坪）。

２０１５年、ニトリプランタン銀座店（現マロニエゲート銀座店）オープン。以降、本章の冒頭でも述べたように、都心部への本格出店が始まりました。

配車システムにクラウドサービス「Mobile Asset Management Service（MAMS）」を導入、新組織としてＩＴ戦略室を立ち上げました。

２０１６年、ニトリホールディングスの会長に似鳥氏、社長に白井氏が就任。ホームロジスティクスでは、通販発送センターに、ロボット倉庫「AutoStore（オートストア）」を国内で初めて導入しました。

２０１７年２月期決算では30期連続の増収増益。同年10月、グループ店舗が５００店舗を超え、2017年のビジョンとして掲げていた「500店舗、売上高5500億円」をクリアしました。

もちろん2018年に入ってもニトリグループの勢い、挑戦は止まりません。その先のビジョンに掲げる、2022年「1000店舗、売上高1兆円」、2032年「3000店舗、売上高3兆円」の実現に向けて走り続けているように強く感じられます。

■「売っておしまい」ではなく、「売って、届けて、設置して」までやる

ニトリグループは「住まいの豊かさを世界の人々に提供する。」というロマン（大志）のもと、世界を視野に入れた長期ビジョンを描いています。2010年、製造物流小売業を構成する主要機能ごとに分社化され、ニトリホールディングスによる持株会社体制になりました。

現在、家具・インテリア用品の企画・販売をするニトリ、インドネシアとベトナムで家具を製造するニトリファニチャー、自前の物流網を確立するホームロジスティクス、広告・宣伝のニトリパブリック、保険代理事業のニトリファシリティ等によって構成されて

います。

ニトリファニチャーは、ヨーロッパ、ニュージーランド、チリ、ASEAN諸国などから原材料を調達し、インドネシアとベトナムにある自社工場で家具を製造しています。

ホームロジスティクスは、全国に広がる店舗網への迅速な商品配送や配送コストの削減、海外開発商品の保管などを目的に効率的な物流拠点網を構築するなど、中間コストの削減、物流品質の向上を図り、ニトリ製品の「お、ねだん以上。」の実現には欠かせない存在です。

また現在、ニトリが日本国内で展開する業態には、次の3つのタイプがあります（店舗数は、2018年2月期末時点の国内店舗数）。

●ニトリ：店舗面積約1500㎡～5000㎡、家具とホームファッションを取り扱い、1万SKU（Stock Keeping Unit＝最小在庫管理単位）～1万2000SKUを展開、店舗数396

●デコホーム：店舗面積約500㎡～約1000㎡、ホームファッションのみを扱い、3

000〜4000SKUを展開、店舗数62

●ニトリEXPRESS：店舗面積約1300㎡〜1500㎡、ホームファッションを中心とした品揃えで家具も展開し、5000〜6000SKUを展開、店舗数9

この中で最も新しいフォーマットが、2017年3月、JR札幌駅直結の商業施設「札幌エスタ」に、1号店「ニトリEXPRESS札幌エスタ店」をオープンした「ニトリEXPRESS」です。

ホームファッション商品を主に取りそろえ、小型店フォーマットながらもネット注文を組み合わせることで、ニトリ同様のフルサービスを提供することができます。大型家具やオーダーカーテンの注文にも対応でき、品揃えは日常生活に必要なベーシックなアイテムに絞り込んでおり、短時間で必要なものを買い物できる利便性を高めた店舗です。

これまでニトリでは、出店コストなどから店舗面積が限られてしまう都心部への出店フォーマットとして「ニトリ デコホーム」を展開してきました。しかし、都市型小型店舗としてニトリEXPRESSを確立したことにより、デコホームでは、デコホーム独自の商品を含め、購入後、直接持ち帰ることができる商品を中心に販売していくことになりました。

既存デコホームの中には、池袋サンシャインシティ店や上野マルイ店のように、ニトリEXPRESSに業態転換するところも出てきています。

ニトリには、ニトリ、デコホーム、ニトリEXPRESSに、ネットショップ「ニトリネット」を加えた４種類の店舗があることになります。しかしこれらを、スーパーやドラッグストア等が展開する、都市型店舗、郊外型店舗、商店街型店舗、ショッピングセンター内店舗、ネットショップの違いのように、商品の売場が違うだけと考えてしまってはいけないと思います。

というのは、先述しているように、ニトリの扱う商品には大型家具やインテリアなど「売っておしまい」ではなく、「売って、届けて、設置して」というものが多く含まれています。ある意味、商品を店頭に並べればよいというビジネスではなく、商品を店頭（あるいは物流倉庫）からお客様の希望する場所まで運び、利用できる状態に整えてお客様に渡すところまで無事完了できてようやく終了というモデルです。

４つのタイプのどこからでも、同じ品質（スピードやていねいさなど）で提供できなければ、「お、ねだん以上。」でなくなってしまいます。製造物流小売業として、開発、製造、物流、小売、アフターサービスの5つのステップを横断的に進めている同社だからこそ実現できる業態展開だと言えます。

■品質問題と格闘しながらも、海外生産体制を構築

ニトリグループでは商品の約90％を、部品の調達（一部部品では自社製造も行なっている）から組立まで海外で生産しています。インドネシアとベトナムにある自社工場のほか、海外協力工場（中国、パキスタン、バングラディシュ、インド、大韓民国、香港、台湾、フィリピン、タイ、カンボジア、マレーシア、シンガポール、トルコ、エジプト、フランス、スペイン）を活用しています。

同社の自社製造は「安さ」を追求していく中で生まれました。1980年代半ば、取引先の旭川の高級家具メーカー・卸のマルミツが経営不振に陥り、ニトリは取引先銀行の経営支援要請に従い、1986年マルミツに出資、業務提携を結びました。2000年には100％子会社化し、マルミツの持つ家具生産に関する技術や経験などの経営資源を手に

入れることができました。

マルミツは１９８０年代半ばには、台湾や中国でタンス類の部材を開発し、国内で組み立てる国際分業を始めていました。一方、ニトリは１９８５年のプラザ合意で一挙に円高になると、東南アジア地域での海外直輸入業務を開始。１９８９年に、ニトリとマルミツは協力して、中国・深圳《しんせん》、タイのハジャイの現地業者に生産委託し部品を調達、それを旭川のマルミツの工場で組み立て、ニトリの店舗で販売する国際分業体制を確立しました。

国際分業によりコストは半分になりました。しかし、品質面ではさまざまなトラブルが発生。品質問題と闘いながらも、海外での生産拠点としてインドネシア工場（１９９４年10月）、ベトナム工場（２００３年10月）を設立していきました。品質管理について大きく改善したのは、２００４年に元広州ホンダ技術総監の杉山清氏が参画してからです。杉山氏は自動車生産の品質管理手法を取り入れ、不良品クレーム率を3・5％から0・2％まで大きく改善させました。

現在、海外生産品の品質管理は、製品検査、パッケージ強度、安全性検査などを５００人体制のもと、自社工場はもちろん、中国の協力工場にもスタッフを常駐させ、厳しい目を光らせています。

■海外生産工場からお客様への配送まで、すべての工程で自前の物流網を構築

ここまでに、たびたびニトリのビジネスモデルである「製造物流小売業」についてふれ、いわゆるＳＰＡと、ニトリのＳＰＡモデル「製造物流小売業」との違いについても見てきました。同社のＳＰＡモデル「製造物流小売業」は一見すると、ＳＰＡに自前の物流機能を付加しただけのように見えるかもしれません。

しかし、私には、自前の物流機能を持っていたからこそ、「お、ねだん以上。」を継続・維持できる独自のＳＰＡモデルができあがったのだと思えます。ニトリのビジネスについて、これまで「商品を届けることを前提とするビジネス」である、と何度も話してきましたが、自前の物流機能がなければ、お手頃価格で高い品質を提供することは難しかっただろうと考えています。

ニトリグループで現在、グループ内の物流機能を担っているのがホームロジスティクスです。2010年、ニトリグループが持株会社体制に変わると同時に、物流部門が分社化して誕生しました。

設立当初はグループトータルの物流コスト削減を主な狙いにしていましたが、現在は、ITシステムの開発・整備や作業の機械化に加え、他社の荷物の配達や新規ビジネスにも積極的に取り組んでいます。家具・インテリアに特有の「組立配送」（専門スキルを持ったセールスマンが配送し、組立設置をする）は業界トップクラスの実績があります。

また、ニトリでは海外生産・調達を積極的に進めてきました。そのため輸入品の荷扱い量は20フィートコンテナ換算で年間17万本を数える規模になりました。このボリュームは、単体企業として扱う海外からの物量では、物流業界全体でみても国内最大規模になるそうです。

同社では現在、最新のシステムに裏付けされた物流のプラットフォームを確立し、組立配送という家具・インテリア業界特有のサービスを武器に、配送にとどまらない新たなサービスの展開も視野に入れています。

さらなる新たな動きとして、2017年春に「ニトリネット」のEC事業がホームロジ

■ニトリの輸配送ネットワーク

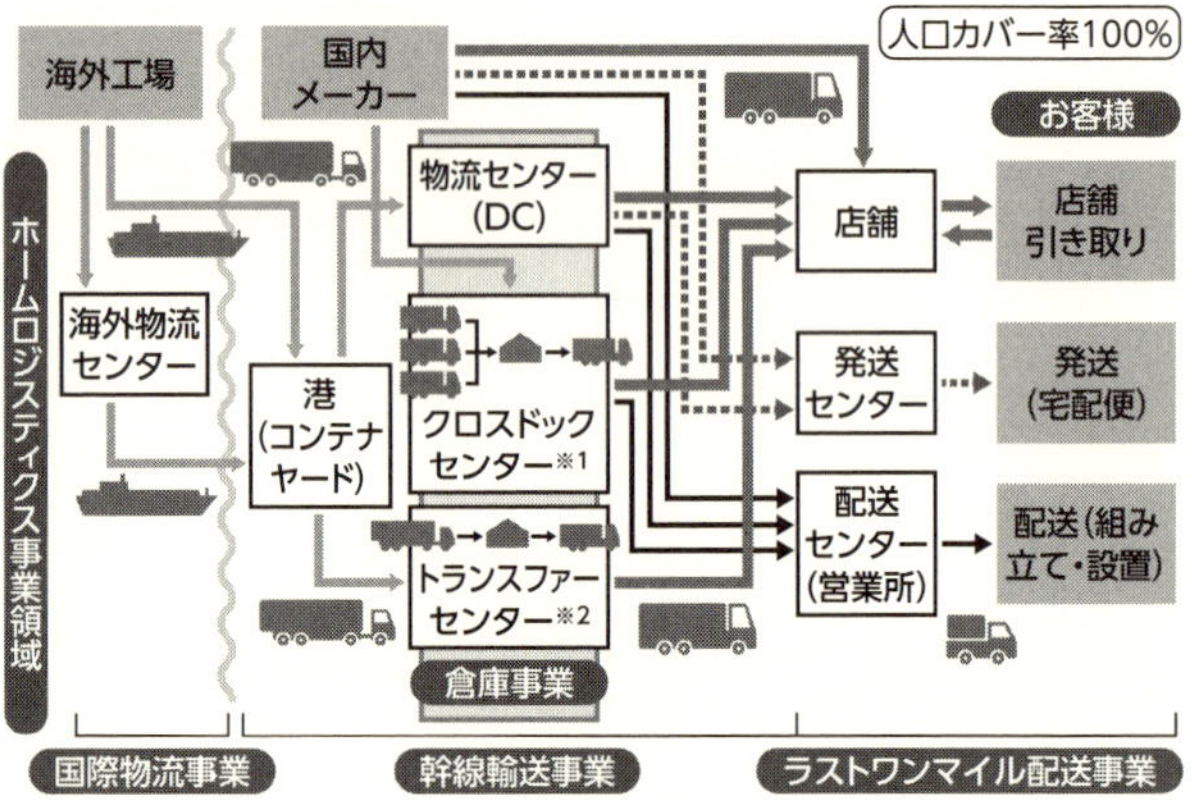

※1：複数の仕入先から入荷した商品を行き先別にまとめて出荷。
※2：海外から入荷した商品を行き先別にまとめて出荷。保管機能なし。

出典：ニトリのHPをもとに作成

スティクスに運営業務移管されました。

ニトリのEC事業は同社の売上高5720億円のうち、今はまだ5・4%程度を占める規模ですが、その伸び率は高く、3年前と比べ2倍近くになっています。店舗で下見をした後にECサイトで購入したり、ECで購入して店舗で受け取ったりするお客様も増えており、オムニチャネル的な購買行動に迅速に対応するためには、EC事業と物流機能を一体化させたほうがいい、という判断があったのかもしれません。

ニトリグループでは、グループ内企業の分業により海外調達品の現地輸送から、お客様のお宅での組立設置に至るラストワンマイルまで、トータルロジスティクスを実現しています。

「お、ねだん以上。」の品質・機能を持つ商品を手ごろな価格で提供するため、ニトリグループはサプライチェーン全体でのコスト削減を図り、海外の生産工場から、お客様の手元に届くまでのほぼすべての工程を自前の物流網で構築・運営しています。

海外の港から日本の主要港へ海上貨物として輸入し、国内約４５０店舗へ商品を供給。同時にお客様の元にも直接届けています。

国内には全国主要都市への配送を見据えた９つの物流センター、78の配送センター（営業所）、７つの発送センターがあり、全国どこへでも商品を供給できる自前のネットワークを構築しています。

ラストワンマイルでは、大型商品を届けるだけでなく、組立や設置などのスキルを持った配送員（セールスマン）が訪問し、お客様の要望にも応えています。

■商品ごとの物流経路をはっきりと分けて管理

ニトリグループでは、商品の形態によって、物流センター（DC）、配送センター（営業所）、発送センターそれぞれの活用により、お客様の手元に届けるまでの物流ルートを使い分けています。

●物流センター（DC）

物流センターは、海外の工場から輸入した商品の受け入れ・保管を行ない、受注情報に基づき、全国の店舗・営業所に商品を供給しています。

ニトリグループ最大規模の取扱い物量を誇る関東DC（埼玉県白岡市）では、中部以北の東日本全域の店舗に商品を供給。九州DCは女性従業員が4割を占め、九州地方および沖縄の店舗に商品を供給しています。2017年に大阪府茨木市に稼働した大阪DCは、幹線道路へのアクセスと人員確保への配慮から、内陸部に設置しました。同DC内には、西日本地域でのEC注文に対応する西日本通販発送センターも設けられており、2017

年10月に商品のピッキング作業軽減のため、日本で初めて自動搬送ロボット「Butler（バトラー）」が導入されました。

ＤＣは現在、国内９ヵ所に設置されていますが、今後、配送量の多い都市圏向けに、埼玉県・幸手《さって》市にグループ最大規模（10万㎡超）の物流センターを設置する計画です（２０２２年稼動予定）。

●発送センター

国内７ヵ所にある発送センターでは、ニトリネット（ネット通販）から注文された商品の全国発送、店舗で購入した商品のお客様宅への発送を行なっています。

川崎市にある統合発送センターでは東日本地域のＥＣ注文に対応しています。物流品質向上と省人・省力化を目的に、２０１６年2月、日本初となるロボット倉庫「AutoStore（オートストア）」を導入、従来に比べて、１時間あたりのピッキング数量が5倍になったそうです。

●配送センター（営業所）

配送センター（営業所）では、組立・設置が必要なソファや食器棚などの大型家具を、専門スキルを持ったセールスマンが届けています。配送センターは国内78ヵ所に拠点があり、日本全国をほぼカバーしています。

●海外物流センター

「お、ねだん以上。」の顧客満足度を提供し続けるためには、圧倒的な低価格での商品提供が不可欠です。特に海外での商品開発比率が約90％というニトリグループでは、商品を輸入する際のコスト削減が重要な課題の1つ。2005年3月に恵州物流センター、2009年11月に上海プロセスセンターを稼動させ、物流効率の強化を図ってきました。

現在、海外物流センターは3ヵ所（中国：上海PC、台湾：桃園DC、ベトナム：ホーチミンDC）あります。海外物流センターが起点となって、アジア各国への事務所の開設や日本国内への貿易サポートも行なっています。

先述のとおり、ニトリの製品は約90％が海外で生産されています。輸入商品の場合、海外物流センターを経由して、日本の港（コンテナヤード）に入り、通常、そこから物流センター（ＤＣ）に納品されます。物流センターでは、国内メーカーを含む複数の仕入れ先から入荷した商品を行先別（店舗、発送センター、配送センター）にまとめて出荷をします。

輸入商品の中には、海外の拠点であらかじめ行先別にまとめて出荷するものもあります。その場合には、国内物流センターで保管や積み替えをすることなく、そのままの荷物で出荷することができ、国内での輸送・保管の効率化につながっています。

ニトリで扱う商品は、大物家具のように組立や設置が必要になりお客様自身で持ち帰れないものもあれば、雑貨類など店舗からそのまま商品を持ち帰ることができるものもあります。また、ネット通販（ニトリネット）で購入できる商品もあります。商品の受け渡し方法、場所の違いによって、商品ごとの物流経路をはっきりと分けて管理しているのがニトリの特徴です。

店舗で受け取り可能な商品の場合、物流センター（または国内メーカー）から店舗に商品が送られ、お客様自身で商品を持ち帰ります。

ネット通販の場合は、物流センター（または国内メーカー）からネット通販の物流機能である発送センターに届けられ、注文に応じてピッキング、梱包作業などが行なわれ、宅配事業者を経由してお客様宅に届けています。他社に先駆けて倉庫ロボット「オートストア」（日本代理店：オカムラ）や自動搬送ロボット「バトラー」（日本代理店：GROUND）の導入を進めるなど、ピッキング作業の効率化、省人化の実現、24時間稼働体制の確立を図っており、今後はECからの注文が集中する深夜の注文に対しても、翌朝早くには宅配事業者への配送依頼が完了できるようになることでしょう。

組立・設置が必要な大物家具などの場合は、物流センター（または国内メーカー）から、配送センター（営業所）に入り、そこから専門スキルをもった2人のセールスマンによる2マン体制でお客様のもとに商品を届け、組立、設置を行ないます。

ニトリの商品在庫は、システムにより一貫管理されています。

そのため、例えば、ネット通販で注文した商品の最寄り店舗での受け取り、店舗で商品を確認しながらのスマホアプリからの注文、店舗で購入した商品の自宅配送といった、さまざまな買物方法にも、店舗や発送センター・配送センターの在庫を効率的に利用して、スピーディに対応することができます。

●貿易改革室

海外ＤＣの展開をはじめ、ニトリグループはこれまでの流通・物流の常識を次々と塗り替えてきました。１９８０年の自動立体倉庫導入を皮切りに、「貿易改革室」の設立により自社通関を設けたこともそのひとつです。

日用品のほぼ全カテゴリーを扱うニトリグループでは、それだけ相手先生産国も多くなります。通関条件は国ごとに異なりますから、「申請・許可・承認・契約」に関わる作業はどうしても煩雑なものになってしまいます。

ニトリグループでは、当初、その手続きを専門会社に委託していましたが、自社通関の体制を整え、自社ですべての手続きを完了できるようにしました。その結果、大幅なコスト削減になり、海外生産品をスムーズに国内供給できるようになりました。

また、自社通関によって、海外の船舶会社に対して、船や航路に関わる交渉ができるため、輸入港と国内ＤＣを最短ルートでつなぐことが可能になったのです。

■ホームロジスティクスのさまざまな取り組み

２０１０年にホームロジスティクスが設立された当初は国内外の物流センター稼働という量的な拡大に注力していましたが、２０１５年あたりを境に、ホームロジスティクスの企業理念・行動理念の制定（２０１５年２月）、クラウドサービスを利用した新配送システムの導入（２０１５年６月）、リペア事業の立ち上げ（２０１６年１月）、ロボット倉庫システムの導入（２０１６年２月）、ニトリからホームロジスティクスへのニトリネットの運営業務移管（２０１７年春）、平日・土日祝日別料金制度の開始（２０１７年８月）、無人搬送ロボットの導入（２０１７年10月）といったように、システムや最新テクノロジーへの投資、新たな試みが目立つようになっています。

販売機能会社ニトリが都心中心の出店戦略にシフトしたのもほぼ同じタイミングでした。

ニトリでは今後の日本国内の出店については、「ニトリ」「ニトリEXPRESS」「デコホーム」の3つの業態を戦略的に配置していくことを明らかにしています。旧デコホーム店のEXPRESSへの転換も進んでいます。

EXPRESSは、当該店舗で扱いのない商品や、展示のみの家具なども、ネットサービスとリアルの融合により購入できる小型店ですが、こうした店舗への転換を進める背景には、〝いつでも、どこでも〟というお客様の購買行動の変化、オムニチャネル化への対応があるのだと思います。

もちろん、現在ニトリグループが構築している物流システムは、そうした対応を容易に可能にするものです。

●協力会社との契約内容見直し

ホームロジスティクスでは、従来からの協力会社との契約内容の見直しにも着手しています。

物流に関する業務はまだまだ1人ひとりの頑張りにより支えられているハードな世界です。しかし昨今の激しい人手不足に加え、多くの職場でシステムによる労務管理が当たり前になっています。業務の効率化、生産性の向上などにより、仕事に対する付加価値を高めることが求められています。

そこで社内で検討が進められたのが、配送の協力会社との契約の変更でした。「1個いくら」の個数契約から、「荷物の引き取りから配送完了までの時間と距離」をベースにした契約への変更というもので、この契約の場合、「配送トラックが空荷で移動している間もコストが発生する」というコストアップに対する不安もあります。

しかし実際のところ、協力会社の中には、自発的にホームロジスティクスの配送拠点近くに会社ごと移転を決めたところもあり、業務の効率化、生産性の向上に対する理解も進んでいます。

また、協力会社の人たちの意識改革もあります。

ホームロジスティクスでは、2015年から毎年年初に経営方針説明会を開いています。協力会社の社長にも出席してもらい、会社としての考えを聞いてもらうのですが、前年1年間を通じコスト削減や生産性アップといった、改善や改革の成果をあげた社内のチームや協力会社の成功事例を共有するという貴重な場にもなっています。こうした機会を通じて、お互いが触発され、モチベーションを高め合い、さらなる生産性のアップに向かっています。

●高速配転、人財育成

高速配転による人財育成はニトリグループの特徴の1つですが、ホームロジスティクスでは、その考えに基づき、単独での育成方法をとっています。

新入社員の場合、入社1ヵ月間はブートキャンプなどによる集合研修で、その後4ヵ月をかけて、営業所、物流センター（DC）、CSC（リペア事業）の現場を回り、その間に個性や適性を見て、8月に正式配属となります。

このブートキャンプは、大小さまざまな荷物の持ち方、運び方、階段での上り下り、狭いスペースでの大物家具の搬入ノウハウなどを、実地訓練式に学んでいくもので、実践ノウハウが身に付くと評価も高く、協力企業の研修としても利用されています。

入社する全員がすべての現場を経験するのは、会社全体の業務を理解しなければ、チームの一員になれないという考えがあるからです。例えば、物流センターでの現場研修は女性でもフォークリフトでの作業を体験します。これは「女性にも重労働を一度体験してもらおう」という消極的な考えからのものではなく、ホームロジスティクスには女性にとって働きやすい環境が整っているということを理解してもらうという狙いもあるようです。

２０１４年から新卒定期採用を始めた同社では定期採用社員数約１８０名のうち、女性が３割（２０１８年３月現在）、さらに２０１８年度入社の新入社員のうち、約半数が女性です。女性比率は年々、上昇していることがわかります。

また現在の仕組みで採用をするようになってからは、毎年のように先輩社員から「今年の新入社員は伸び代《しろ》が大きい」という声が聞かれるといいます。入社３～５年でＤＣ、営業所チーフを務められるレベルまで育てる、というのが同社の人財育成の目標になっています。

●システム部門の再構築

２０１５年９月、新組織として、ＩＴ戦略室が立ち上げられました。それまでにもＩＴ関連部署はありましたが、グループ全体のシステム内でホームロジスティクスに関する部分をサポートする程度の位置づけでした。しかし、新たなＩＴ戦略室は、独自システムの開発やメンテナンスはもちろん、これまでの枠を大きく超えたＩＴ戦略を考える部署です。例えば、ＤＣや営業所を建設する際にＩＴを考慮した設計にするなど、ＩＴをベースにした物流拠点づくりに取り組むという狙いがあります。

つまり、日本で家具やホームファニシングの買い物をする場合、どういう商品かということも大事ですが、それと同じくらいに、どうやって届けてくれるのか（＝物流）が重視されるということです。

従来、グループ全体の基幹システムは、ニトリホールディングス主体で考えられてきましたが、「物流に関する部分は実際にその機能を担うことになるホームロジスティクスが開発する」という方向に変わってきています。

ＩＴ戦略室が立ち上げられる数ヵ月前の２０１５年6月、ニトリグループでは、ＰＯＳシステム、ＥＣシステムと連動して配送時間と配車計画を自動作成できるクラウドサービス「Mobile Asset Management Service（MAMS）」を導入しました。

車両の状況や配送ルートの変化などをリアルタイムで追跡し、現状のリソースの中で最も適した配送ルートを自動で割り出すことができます。また、荷主が、配送予定時間や配送状況などをパソコンやスマートフォンを使って追跡できるようになっています。

ＩＴ関連の部署や配送システムはまだ完成形ではなく、今後も進歩させていく考えのようです。

●ＥＣ事業の運営業務移管

ニトリグループのネット通販「ニトリネット」は、２０１７年2月期に前期比約３割増の２２６億円を売上げています。また２０１８年2月期には、前年比35%増の３０５億円と、さらに売上げを伸ばしました。２０１５年以降、都心に小型店を出店するようになったおかげで、ＥＣサイトからの購入客の半数が都市部に生活する人で、特に首都圏の１都３県（東京都、神奈川県、埼玉県、千葉県）からの売上げが好調だそうです。この、ＥＣ事業の配送オペレーションを担うのも、ホームロジスティクスです。

２０１７年春、ＥＣ部門（ニトリネット）がニトリからホームロジスティクスへ移管され、ＥＣに関する広告、直販も、ホームロジスティクスが担当することになりました。

これからのＥＣは、ネットでも実店舗でも、いつでも、どこでも、買い物ができるオムニチャネルへの対応が求められています。

また、ニトリグループが扱う組立の必要な大物家具、寝具、照明、インテリア、雑貨等の多くは、店頭から簡単に持ち帰ることのできない商品群。「届ける機能が欠ければ売上げにならない」カテゴリーですから、物流機能、つまりホームロジスティクスがＥＣおよびオムニチャネル化をコントロールするというのは、当然の成り行きだったと思います。

２０１６年12月に新在庫管理システムが導入され、都市型店舗にある店頭在庫と、ネット通販発送センターにある在庫情報の連動ができるようになりました。

お客様が店頭商品の自宅受け取りを希望した場合、店頭商品を使って代金の精算をしますが、実際にお客様に送る商品はネット通販専用発送センターの在庫を活用し、発送センターから直接お客様のもとへ発送します。

これまで店頭商品の自宅配送は、店頭在庫を店舗で預かり、宅配便を利用して発送する必要がありました。そのため迅速なお届け対応が難しいうえ、都心型店舗の場合、郊外型店舗と違い在庫スペースの確保が難しく、品切れを起こしやすい状況にありました。店頭とネット通販用の在庫をシステム連動させることで、店頭の品切れを防ぎ、販売機会の損失を回避できるようになりました。

この新在庫管理システム構築以降、ニトリの都市型店舗の出店がスピードアップしていくのは冒頭に述べたとおりです。

２０１７年6月の「ニトリ渋谷公園通り店」のオープンをきっかけに「手ぶらdeショッ

■手ぶらdeショッピング

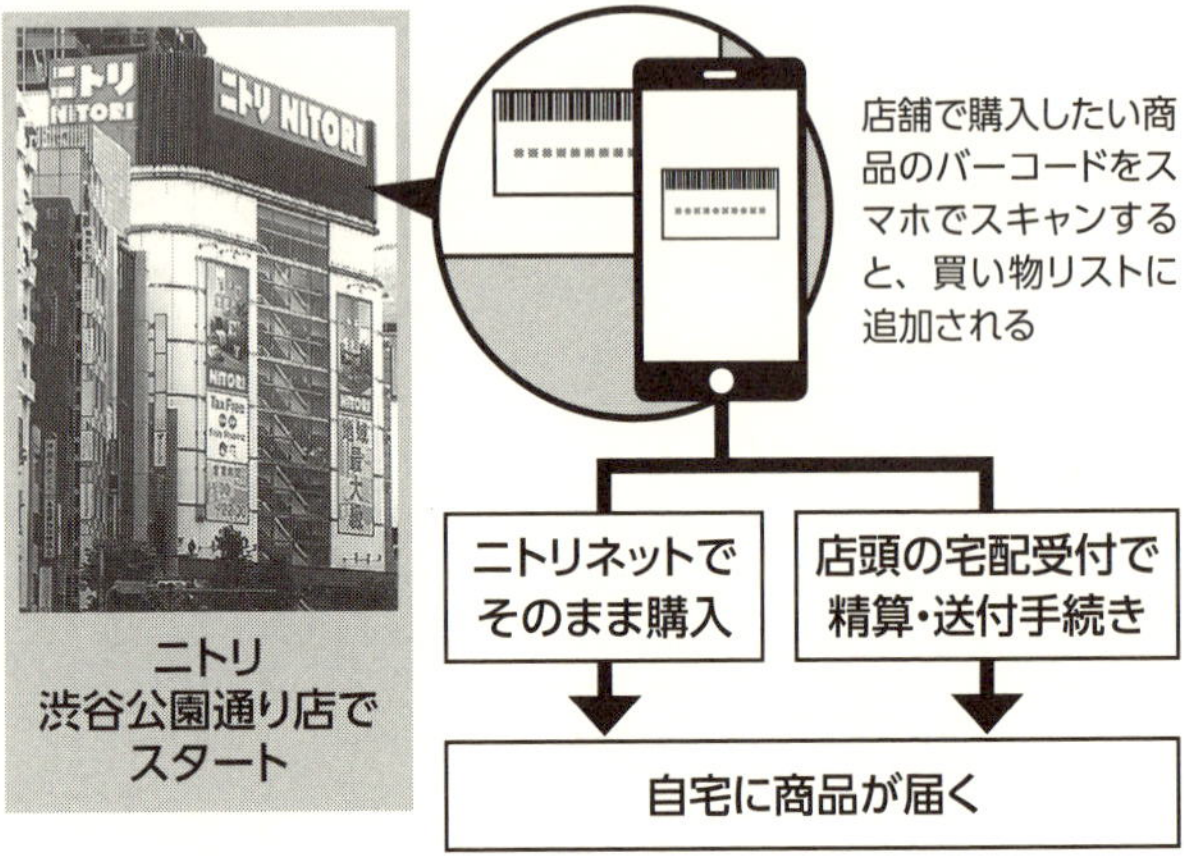
ニトリ
渋谷公園通り店で
スタート
店舗で購入したい商品のバーコードをスマホでスキャンすると、買い物リストに追加される
ニトリネットで
そのまま購入
店頭の宅配受付で
精算・送付手続き
自宅に商品が届く

ピング」という新サービスが始まりました。

ニトリアプリを使って、店内に陳列された商品の専用バーコードを読みこませると、ニトリネットと連動し、簡単に買い物処理ができるというサービスです。ビルの1階から9階までを売場に持つ渋谷公園通り店は1510坪の売場面積がありますが、お客様がカートを抱えながら各階を行ったり来たりしたり、配送手続きのためにカウンターに並ぶシーンが予想されました。そこで売場としての効率の悪さを、シヨールーミングのスペースにするという逆転の発想で解消することを試みたのが「手ぶらdeショッピング」です。

特に家具やインテリアなどは、「商品としてきっちり陳列されたものより、おしゃれな空間の中に置かれていたほうが、お客様の買い物心を刺激する」と言われることもあり、一度に20点以上の買い物をされたお客様もいるそうです。

「手ぶらdeショッピング」は、今後、都心エリアに出店するニトリ店舗でも展開していく計画です。

●平日・土日祝日別料金制度

ニトリグループでは、2017年8月から、配送料の新たな料金体系として、平日・土日祝日別料金制度をスタートさせました。

曜日指定を原則有料化し、平日1000円、土日祝日2000円の配達料金を設定しています。これにより、配送物量のバラつきを平準化しようという狙いがあります。現状でニトリグループの配送物量の場合、曜日ごとに最大2・5倍程度の差になっており、こうした配送物量の大きな変動が生産性を低くする要因になっています。

お客様もこの変化には敏感で、2018年のゴールデンウイーク期間で5月1日を平日料金にしたところ、あっという間に予約が埋まったそうです。

割引額を設定するためには、現状の混雑具合の確認や混雑の未来予測が必要になります。ニトリグループでは、2015年段階でそれを可能にするルートプランナー機能が利用できるクラウドサービス「MAMS」を導入しており、この制度をスムーズにスタートすることができました。

■ロボット倉庫の今後

ホームロジスティクスでは、ロボットの積極的な導入により、物流倉庫内の作業の効率化、労働環境の改善を進めています。

これまでも繰り返し述べているように、2016年2月、ネット通販商品の出荷を担当する通販発送センターにロボット倉庫「AutoStore（オートストア）」を導入しました。

ジャングルジムのように組み上げられたグリッドの1マスごとに、ビンと呼ばれるケースをすき間なく積み重ね、その屋根面を60台のロボットが縦横無尽に動き回る様は、近未来SF映画の一シーンのようです。商品の入ったケースを引き上げたり、ケースに収納したりを繰り返しながら、動きの早い商品を上段に集め、効率のよい商品の取り出しができるよう積み重ねていきます。

オートストアの効果はすぐに数字となって表れました。導入後約１ヵ月時点で出荷効率が３・75倍改善。その後、さらに改善が進み、最近では当初の約５倍の効率化につながっているそうです。

川崎市の通販発送センターで稼働している「オートストア」

「オートストア」の入庫作業をしているところ

このオートストアの導入効果は出荷効率の改善だけにとどまりません。同じ姿勢のまま、手元を少し動かすだけで、ピッキング作業ができるようにシステム化されており、体力にあまり自信のない女性や高齢者の方でも、長期にわたって無理なくピッキング作業を続けられるようになりました。

オートストアへの投資は、当初、５年程度での回収を見込んでいましたが、想定より早い投資回収のめどがたったようです。

２０１７年10月、今度は、西日本通販発送センター（大阪府茨木市、13万㎡）に、日本初の無人搬送ロボット「Butler（バトラー）」を79台導入しました。無人搬送ロボットというのは、商品保管用の棚を作業者の手元まで運んでくれるというもの。ピッキングする商品の棚までの移動距離を短くし、作業者の負担を軽減します。

また、ロボットに搭載されたＡＩ（人工知能）により、ピッキング頻度の高い商品（人気商品）を保管している棚を順次、作業者の近くに移動させていき、バトラー本体の作業効率も向上させることが可能です。

ニトリグループでは、さらに２０２２年の稼働をめざし、埼玉県幸手市に国内最大級の物流センター「幸手ＤＣ」の新設を決定しました。幸手ＤＣにもロボット導入を考えています。

■物流プラットフォームとしての新展開

ホームロジスティクスは、ニトリの物流を主に担う会社です。しかしニトリの規模が拡大するにつれ、物流量も増え、ホームファニシングのような小物から届け先での設置作業が必要になる大型家具まで、効率的に届けるノウハウも十分に蓄積されてきました。今やホームロジスティクスは、一般の物流専門会社にも負けないような物流プラットフォームに進化しています。

そこで新たな展開としてスタートしているのが、外販事業です。契約企業に物流システムを公開し、ホームロジスティクスの物流網を有効活用することにより、契約企業の物流コスト圧縮を目的として展開するものです。

家具やインテリアの業界でもEC化は進んできていますが、ネット専業も含めどの会社も購入者の自宅への配送にそろって頭を悩ませています。特に家具などの大型商品は、作業員が屋内での設置までを行なうことから、車や人員の手配など非効率な部分が多く、「ECで頼んだのはいいが、その後のサービスが悪くて後悔した」という声を聞くことも少なくありません。そうしたお客様のニーズに応えられるのが、同社の外販事業です。

ここまで、31期連続の増収増益を達成してきたニトリのさまざまな取り組みを紹介してきました。さらに同社は、ネット消費の進展に対応するため、都心型小型店を出店し、物流を絡ませたオムニチャネルに果敢に挑戦しています。他業種の小売チェーンにとっても、モデルになる取り組みになると期待しています。

第3章

アイリスオーヤマの物流戦略

■「便利」「業界初」「値ごろ」な商品を、幅広く取り扱う成長企業

宮城県に本社を構えるアイリスオーヤマを知っているという人は多いと思います。しかし「どんな会社なのか」と質問されると、どう答えていいのか悩んでしまうのではないでしょうか。

生活用品の企画・製造・販売を幅広く手がける会社、主にホームセンターで扱う園芸用品・生活用品・ペット用品の会社、家電量販店でよく見かける手ごろな価格で便利な機能を持った家電を製造している会社……こうしたイメージが一般的と思いますが、実はＬＥＤ照明では業界トップの大手企業に肉薄するシェアを持っている会社でもあり、最近では東北地方のコメの全国販売や海外への輸出をする事業にも乗り出しています。

ちなみに同社では、メーカー機能と問屋（ベンダー）機能を持った「業態メーカーベンダー」として、自らを位置づけています。

同社のホームページの取り扱い商品のカテゴリーを見ると、家庭用ＬＥＤ照明（エコハイルクス）、法人向けＬＥＤ照明、家電製品、調理用品、日用品、寝具・インテリア、収

■アイリスオーヤマの売上推移

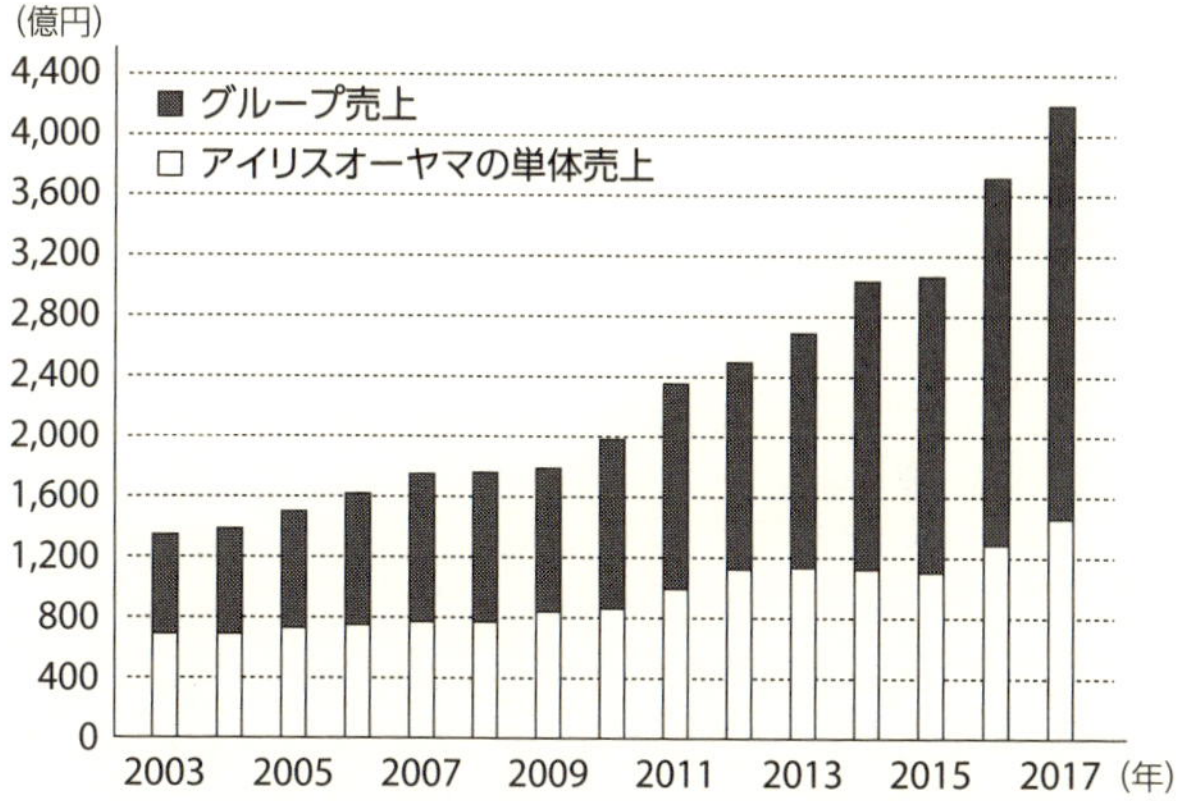

出典：アイリスオーヤマの HP より

納用品、ペット用品、園芸用品、お米、ハードオフィス・資材、ヘルスケアなどがあり、実に幅広く取り扱っていることがわかります。そしてそれらの商品それぞれが、「便利」、「業界初」、「値ごろ価格」と形容されるものばかり。つまり、誰もがつい欲しくなってしまう商品が並んでいるのです。

それだけ消費者の気持ちをつかんでいる会社ですから、会社の業績も右肩上がりで成長を続けています。特に東日本大震災（２０１１年）以降、売上げの伸びが大きくなっているというのが特徴的です。

２０１７年度のグループ売上高は４２０0億円。２０２２年度には、家電事業、Ｅ

C事業のさらなる成長を見込み、売上高1兆円を目標に掲げています。

■トップ自らが物流の最新動向を熟知

アイリスオーヤマは2018年に創業60周年を迎えました。その大半の期間（約53年）にわたり同社の社長を務めてきたのが大山健太郎社長（以下、大山社長）です。2018年1月に、同年6月末で社長の座を息子の晃弘氏に譲り、7月からは代表権のある会長に就くことが発表されました。

私が最も最近、大山社長にお会いしたのは2017年5月のこと。午前7時30分から始まる勉強会の場でした。すでに70歳を過ぎていますが、若々しく、エネルギッシュで、とてもそんな年齢には見えませんでした。

大山社長は1945年7月、8人兄弟の長男として大阪府に生まれました。宮城県に本社を構え、東北財界人の顔として活躍されている大山社長ですが、もともとは中小企業の町、東大阪市育ち。お会いしてお話をすると、私自身が関西の人間ですから、同じ関西人のDNAを感じることができます。

アイリスオーヤマの創業は1958年4月。大山社長の父親である大山森佑氏が、プラスチック成型の工場として大山ブロー工業所を立ち上げました。しかし1964年に父・森佑氏ががんで他界、当時19歳だった長男の健太郎氏が家族を養うために家業（従業員5人）を継ぐことになりました。当時の日本経済はその後の高度経済成長期に入る途上でしたが、大手の下請けとして、大山ブロー工業所にも仕事がどんどん流れてきていました。

とはいうものの、下請けの悲しさ、発注企業からは厳しい条件を飲まされ、けっして豊かな生活とは言えなかったようです。この間の大手企業との厳しい交渉の歴史は、多くの場でも語られています。

これまでに私は同社をたびたび訪れてきました。また大山社長と名刺交換をしたときには、私の名刺を見るなり「物流のことは大丈夫だから」と自信たっぷりに話されました。しかも、うわべだけでそう話されているのではなく、現在の物流のことを本当によくご存じなのです。大山社長の著書には、内容の6、7割が物流の話でまとめられているものもあります。大山ブロー工業所時代から、大山社長自身が最前線に立ってさんざん大手企業とやり合ってきたわけですが、その体験が現在の同社にもしっかりと刻まれているということを、いつも感じさせられます。

■独自の事業形態は、大いなる挫折から生まれた

大山ブロー工業所が現在のアイリスオーヤマに成長していった第一歩は、下請け企業からの脱却でした。

「大手企業の下請けでやっている限りは、いくら仕事が増えても、自分たちの儲けにはなかなかならない。自分たちの強みで勝負ができる自社製品の開発にチャレンジしたい」

そうした強い思いで開発した製品が、プラスチック製の養殖用の浮き（ブイ）です。

その当時、養殖用のブイはガラス製が一般的でした。しかしガラス製品には強い衝撃が加わると割れてしまうという欠点があります。割れるたびに取り換えていたのではコストもばかになりません。大山社長はそこに着目、ブイの機能を十分に果たし、かつ割れないものをプラスチックで作って提供すれば、養殖事業者の困りごとを解決できる、と考えました。その読みはピタリ的中、漁業関係者の多い北海道や東北地方から注文がどんどん集まりました。

自社製品の第2弾はプラスチック製のプランター（育苗箱）です。

そのころのプランターの主流は木製。水やりはプランターにつきものですが、木製ですから使い続けるうちにカビが生えたりして、そのうち使いものにならなくなってしまいます。大山社長の読みはここでも当たり、この悩みを解消するものとして、プラスチック製のプランターは重宝がられました。

この2つの製品とも、当時としては画期的な商品で、イノベーションと呼んでもいいほどの大きなインパクトを業界に与えたに違いありません。

そして1973年、第1次石油ショックが日本経済を襲います。プラスチック製品の原料は石油ですから、原材料不足に対する先行き不安からプラスチック製品の特需が発生、さらなる注文が舞い込み、生産規模を拡大していきました。

ところが好事魔多しです。原油価格が落ち着きを取り戻すと、プラスチック製品に対する特需がなくなるばかりか、勢いで生産していた製品が一転供給過剰となり、問屋から返品の山となって戻ってきたのです。好業績から一気に倒産の危機に瀕してしまったのです。

この危機を乗り越えるため、大山社長は苦渋の決断をしました。創業の地、東大阪と、「一緒に晩御飯を食べる仲間」を涙ながらに切り捨て、工場を設置していた宮城県に拠点を移すことにしたのです。

このときの苦い経験は、現在のアイリスオーヤマの事業形態にしっかりと生かされています。問屋（卸）は、メーカーから消費市場へ商品を流す役割を担う存在です。しかも、ただ単に「右から左へ」動かすだけではなく、市場の需給調整機能も期待されています。メーカーとしては大量発注があれば、絶好の商機ですから生産能力の限りを尽くして対応するのが自然な考え方です。第1次石油ショック時に、問屋の需給調整機能が十分に働いていれば、大山ブロー工業所を見舞ったような悲劇は起こらなかったかもしれません。

このことから、大山社長は市場において問屋機能を持つことの重要性を学び、問屋機能を取り込んだメーカーとしての地歩を築いたのだと思います。

■成長業態の変化に合わせて、自らも変化し続ける

アイリスオーヤマをさらなる成長軌道へと導いたのが、メーカーベンダー機能の確立です。メーカーベンダーというのは、メーカー機能を持った卸というような意味合いで使われることが多いですが、同社の場合は、もっと戦略的な意味合いを持っています。これか

ら成長していく業態に合わせて、自分たちの製品づくりを行ない、供給機能を果たすというものです。

わかりやすい例が、米国で急成長の新業態として１９７０年代に日本に入ってきたホームセンターです。ＤＩＹから、園芸、日用品・金物、カー用品、ペット用品などを幅広く扱う業態ですが、日本に入ってきた当初、ホームセンターの品揃えすべてに対応できる問屋はなく、カテゴリーごとに別々の問屋と取引しなければならないという状況でした。

当時のアイリスオーヤマは、多品種のプラスチック成型製品を作る技術を持った独立メーカーでしたが、成長の糧として新たな販路開拓を必要としていました。そんなとき大山社長が目を付けたのが、ホームセンターチャネルでした。

「ホームセンターの品揃えに対応したベンダーがあれば、店舗は1社との取引ですむ。自分たちで、その品揃えに合うような製品を作って供給すればいい」

自分たちを成長業態に合わせた業態に変化させるという戦略は見事に的中しました。ホームセンター業界の成長とともにアイリスオーヤマの業績も順調に伸びていきました。その後も、ドラッグストアやＥＣ（ネット通販）という成長業態向けの商品開発を進めており、これからの成長が楽しみです。

■永遠に存続するために、顧客と市場を創造する

下請け時代の大手企業との厳しい交渉、独立したメーカーへの第一歩を踏み出した自社製品開発（イノベーション）、「好況のときは味方、不況になると敵になる」問屋の学び、取引先のニーズに合わせた自らの業態変換……現在のアイリスオーヤマはここまでのさまざまな経験を糧にしてかたち作られています。また、大山社長はこうした経験から学んだことを念頭に、アイリスオーヤマの企業理念を作っています。

アイリスオーヤマの企業理念は

1．会社の目的は永遠に存続すること。いかなる時代環境に於いても利益の出せる仕組みを確立すること。

2．健全な成長を続けることにより社会貢献し、利益の還元と循環を図る。

3．働く社員にとって良い会社を目指し、会社が良くなると社員が良くなり、社員が良くなると会社が良くなる仕組みづくり。

4．顧客の創造なくして企業の発展はない。生活提案型企業として市場を創造する。

5．常に高い志を持ち、常に未完成であることを認識し、革新成長する生命力に満ちた組織体をつくる。

というものです。大山社長はことあるごとに、企業が成長し、長く存続していくためには企業理念の共有が大切だと述べています。

企業理念の共有と合わせて、よく語られるのが、同社の人事制度です。同社の人事制度は「年功を排し、実力主義」です。「勤続年数に見合う定期昇給の考え方はなく、自分の給与は自分で上げるのが大原則」ということが社内に徹底されています。また評価の不平等感をなくすため、「360度評価」や人事評価委員会という横断的な組織による評価方法をとっています。

■週1で行なうプレゼン会議から、年間1000点の新商品が生まれる

アイリスオーヤマでは、年間1000点の新商品を開発しています。コンビニの店内に

ある商品数が約3000とも4000とも言われていますから、その4分の1から3分の1を年間で新商品として発売していることになります。1日平均で考えると約3点、これをみても、同社の新商品開発力がどれだけものすごいのか、よくわかると思います。

こうしたとんでもない商品開発を可能にしているのが、大山社長をはじめ役員、幹部社員立会いのもと毎週月曜日に行なわれる「プレゼン会議」（新商品開発会議）です。毎回60案件ほどが会議にかけられ、企画立案者が大山社長の前で「従来品と何が違うのか、競合との差別化はどうか、利益にどれだけ貢献するのか」をプレゼンテーションします。それを見て大山社長が製品化をするか否かを決定していくのですが、1件にかける時間は約5分程度だそうです。

この5分を長いと考えるか、短いと考えるかは人それぞれでしょうが、検討の過程がガラス張りにされた上で、会社の全責任を負う社長が多くの社員の前で判断を下すわけですから、「Goサイン」を出すにしても、「NGの烙印」を押すにしても、真剣勝負の場になっていることでしょう。

なぜこういう「プレゼン会議」にしているのか、という問いに対し、「社長や役員層と同じ情報を共有した上で、経営層がどう判断するか、直接ふれることが、幹部社員の育成にもつながっていく」と大山社長は答えています。

現在、同社が扱う商品数は約1万6000点あります。

問屋ならまだしも、メーカーとしてこれだけのアイテムを持っているところは聞いたことがありません。例えばビールメーカーを考えてみると、ご当地ビールを販売しているところもありますが、それらを加えたとしても、せいぜい数十種類でしょう。この1万6000点をSCM（サプライチェーンマネジメント）として見た場合、これだけのアイテムの動きをコントロールするのは至難の業です。メーカーベンダーであるアイリスオーヤマだから実現できることだと思います。

アイリスオーヤマでは新商品開発に対して独自の数値目標を掲げています。同社では「発売後3年以内」の商品を「新商品」として定義していますが、全社売上高に占める新商品の比率を目標値にしています。1998年に50％を超え、2013年以降は目標を6割以上に引き上げました。

普通の企業であれば、経営の安定化を図るために「ロングセラー商品をどれだけ持てるか」ということに重きを置きます。しかしアイリスオーヤマではロングセラーに頼らず、たえずヒット商品の新陳代謝を図っていくことで経営の安定化、さらなる成長をめざしているのです。

■マーケット調査を行なわない理由

アイリスオーヤマの毎週のプレゼン会議では60件もの新商品の企画が提案されるということを前に述べました。もちろんその中身は「数撃ちゃ当たる」「枯れ木も山のにぎわい」ではありません。新商品を開発するにあたっては「ストーリー」と「コンセプト」が大切になるということが、社内で共有されています。

例えば、ホームセンター向けの商品を企画するという場合、女性が選ぶ視点、女性に好かれるということを重要視します。

まず、顧客は必ず商品を比較して購入するかどうかを決めます。そしてその商品によってどれだけ便利になるか（利便性）、その結果、どれだけ満足につながるかというストーリーを考えていくのだそうです。自分たち生活者の視点でわかること、理解できることが基準になるのです。

ですから同社では、コストをかけたマーケット調査というものは行ないません。「マスを対象にリサーチしてもだいたいニーズは同じものになり、そこからは潜在需要はわからない」という考えが根底にあるからです。マーケット調査をしてわかることは、他社がやっても同じ結果になるわけですから、そこから商品を開発しても、同じ市場に複数の会社の商品が出回ることになり、それだけ競争も激しく、売上げ増につなげることも難しくなります。「池に10匹の金魚がいて、10人でその池に行けば、1人1匹しか手に入らない」という理屈です。

もう1つは「マーケットイン」の発想です。

技術力に優れたメーカーにときどき見受けられることですが、作り手の自己満足で、「今の技術があればこれだけのことができます」というような商品を開発することがあります。一部のアーリーアダプター（初期採用層）には喜ばれるかもしれませんが、多くの場合、「開発者の思い込みはいらない」「余分な機能はいらないから、シンプルなものにしてほしい」という市場からの反応をもらうことになります。これがプロダクトアウトからの発想です。

それに対してマーケットインの発想というのは、単純に生活者からの発想、どんな利便性があるのか、どんなに便利になるのか、というシンプルな視点から商品開発につなげるという考え方です。

■世界で大ヒットした「透明プラスチックケース」

商品価格についても独自の考え方を持っています。「価格は隣の商品が決める」というのです。同じような機能を持った商品であれば、よほど差別化されていない限り、隣に置かれた商品が安ければ、お客さんの手はそちらに伸びる。自分たちの商品を売りたいと思えば、安値の商品価格に合わせなければならないということです。

ただ、お互いがこれを繰り返していけば、利益を吐き出すばかりか、赤字覚悟の価格で売らなければならなくなってしまいます。こうした価格競争に巻き込まれないためには、どうすればいいか。それには自分たちで市場を作って、価格決定権を持てばいい――。

こうした考えのもと、アイリスオーヤマが市場を創造した商品の1つに透明プラスチックケースがあります。それまでにも色の入ったプラスチックケースはありましたが、「色が入っていると、中に入っているモノを見つけにくい」ということ（衣装ケースとして使ったことのある人にはよくわかると思いますが）から、透明プラスチックでできた収納ケースを発売したのです。

当時、小売・卸関係者の評価は「売れないだろう」でした。「収納ケースはモノをしまう入れ物なのだから、外から中身が見えてしまっては恥ずかしい」、そういった声もあちこちから聞こえていました。

ところが実際にはどうだったかというと、「大ヒット」でした。その後、各社が透明プラスチックケースの製造に参入、最盛期には60社以上が生産していたそうです。透明プラスチックケースは、今では当たり前のようにどこの家庭でも収納用具として使っているかと思います。

アイリスオーヤマは、日本市場の競争が激しくなると、プラスチックケースの金型を米国に持っていき、米国でも大ヒットさせました。その後米国でも日本国内と同じような状況になると、今度はヨーロッパへ金型を持っていって現地で生産し、そこでも人気商品となりました。

「探しモノが見つけにくい」というユーザーの不満を素直に受け止め、すぐさま商品化した（消費者のニーズがすぐにかたちとなって市場に投入された）からこそ、透明プラスチックケースという市場が創造され、かつ世界中で大ヒット商品となったのでしょう。

■単発の商品にとどまらず、新たな市場やカテゴリーまで作り出す

アイリスオーヤマが市場を創造した3つのカテゴリーについて、もう少し見てみましょう。

1つ目は今ではホームセンターでは主力カテゴリーになっている園芸用品ですが、かつては一部のプロの人が利用するものでした。それを、一般の生活者でも楽しめるように、商品開発を進めていったのも同社です。

園芸マーケットというのは、初期の自社製品として、プラスチック製プランターを開発した分野です。開発にあたっては、当時、社内で「水はけのいいプランターであれば、カビが生えることもない。そこで育つ植物も気持ちよく成長できるだろう」という意見が出ていたそうです。植物の気持ちになって、製品を考えるという発想はなかなか出てくるも

のではありません。こういう発想が根底にあるからこそ、ホームセンターチャネルを通じて園芸マーケットを広げることができたのだと思います。

もちろんプラスチック製プランター単品で、一般生活者向けの園芸マーケットが確立したわけではありません。アイリスオーヤマでは「育てる園芸」から「飾る園芸」「見せる園芸」へと商品開発を進化させていきました。

ホームセンターでの販売方法にも工夫を凝らしました。ただ店頭に商品を並べるだけでなく、「実際に一般家庭でもこういう置き方をするといい」という実践例を展開したのです。また関東近県での放送でしたが、家庭園芸のテレビ番組のスポンサーを3年間ほど務めたりもしました。こうしたあの手この手の施策により、一般生活者向けの園芸マーケットが確立され、ホームセンターのビジネスチャンス拡大にも大きく貢献していきました。

2つ目のペット市場についても同じような展開で市場を拡大していきました。「ペットは家族」というコンセプトを明確にし、「家族なのだから鎖と首輪はやらない（商品展開しない）」を徹底。室内用のトイレを開発したのもこのコンセプトに沿ったものです。また園芸と同じくペットを飼うための情報を提供するテレビ番組のスポンサーを務めたこともありました。

■LED照明や家電の急成長の裏に、積極的な中途採用戦略あり

3つ目のカテゴリーは、アイリスオーヤマが家電大手と国内シェアトップを争うLED照明です。「日本で照明といえば東芝」と長く言われ続けてきましたが、今やアイリスオーヤマが東芝にとって代わっているのです。

ところで、少し前までは、クリスマスのイルミネーションは豆電球が主流でした。しかし時間がたつと、少しずつ豆電球が切れていき、ところどころ灯りの欠けた、情けないイルミネーションになってしまうものもよく見かけたものです。

それがある時期から豆電球からLEDライトに変わり、心をほっこりさせるやさしいイルミネーションがいつまでも姿をとどめるようになりました。実はこれを仕掛けていたのがアイリスオーヤマです。2000年には、豆電球に代わるLEDイルミネーションライトを発売していました。そのおかげで、今では11月の下旬にもなると、あちらこちらでクリスマスイルミネーションが点灯されますね。

一方、一般家庭に本格的にＬＥＤ照明が広がり始めたのは２００９年以降です。民主党政権発足直後の２００９年9月、国連気候変動首脳会合（国連気候変動サミット）の場で、ときの鳩山首相が日本の２０２０年までの温室効果ガス排出削減の中期目標として「１９９０年比で25％削減」を表明したことがきっかけになりました。さらに、２０１１年の東日本大震災の影響から全国的に節電が推奨されたときには、節電効果があるのに「明るい」照明として、ごく普通の家庭にもＬＥＤ照明が売れるようになっていきました。

こうした省エネ効果のあるＬＥＤ照明の普及は、アイリスオーヤマのＬＥＤ照明抜きには語れません。

２００９年当時、アイリスオーヤマでは中国製のものを４９８０円で販売していました。しかし鳩山発言をうけて、同年11月に大山社長は社内に対して、自社生産で手ごろな価格のＬＥＤ照明の開発を命じます。しかも、照明の最需要期である3月に間に合わせることが至上命題でした。通常、開発には7ヵ月かかっていましたから、２ヵ月は短縮しなければならないという難題でした。

結果はどうだったか。結論から言うと、２０１０年3月の発売に間に合わせたばかりか、寿命も長くなり、価格もそれまでの約半分の2300円〜2500円に引き下げることができました。さらに同年11月には、白熱電球1年分の電気代に相当する1980円で販売できるようにもなったのです。他のメーカーのLED照明は1本5000円程度で販売されていましたから、圧倒的な低価格でした。JIS（日本工業規格）に則らず、ユーザーの望む規格に合わせた結果の実現でした。

その後もLED照明の改良、ラインアップの拡大が繰り返され、現在にいたっています。アイリスオーヤマのLED照明は、一般財団法人省エネルギーセンターが主催し、省エネルギーを推進している製品に与えられる「省エネ大賞」を平成29年度（2017年度）にも受賞。3年連続4度目の受賞になるそうです。

アイリスオーヤマがLED照明をはじめ、今や同社の中核事業となっている家電事業に本格的に参入したのは2009年のことです。その後、関西に拠点を構える老舗《しにせ》大手家電メーカーが経営不振に陥り、家電系エンジニアの早期退職を勧奨するなか、同社では2013年に大阪にリクルーティングセンターやR&D（研究開発）センターを設け、大手を退職したエンジニアの積極的な採用を進めてきました。大阪に家電の開発拠点を置いたのは、中途採用するエンジニアの生活環境を大きく変えずにすむからと言われています。

先述したように、現在、同社の年間新製品開発点数は１０００点にものぼります。プレゼン会議での迅速な意思決定がそれを可能にしているのですが、優秀な中途人材の積極的な採用がその開発の中身（質）を高めているのも間違いないでしょう。

■ＥＣ「アイリスプラザ」の優位性

アイリスオーヤマは、成長業態に自分たちの業容を合わせることにより大きな成長を遂げてきました。それがこれまではホームセンターであり、ドラッグストアでした。そしてこれからの成長業態として注力しているのがＥＣ「アイリスプラザ」です。市場拡大のため展開してきた海外店舗を閉め、越境ＥＣに切り替えようとしていることからもその本気度がうかがえます。

もっとも、同社がネット通販に参入したのは２００１年のことですから、いつ本気になってもいいように下地を作り続けてきたということは容易に想像できると思います。

しかしネット通販の世界は、今やアマゾンという巨人が覇権を握ろうとしています。そんな世界にシフトしていこうとするアイリスオーヤマですが、はたして勝機はあるのでしょうか。その答えはアイリスプラザを実際に見てみればすぐわかります。

例えば、家庭用のヒーターだけで２５１種類もあるという品揃えの豊富さ。同社の商品開発の基本は、マーケットイン（ユーザーの利便性、満足度）発想ですが、家庭用ヒーターの商品を見ると、主婦目線の便利な機能が多彩に用意されています。

仙台にある「アイリスプラザ」のアンテナショップ

アンテナショップの店内。さまざまな商品を実際に使って試すことができ、欲しいものがあればその場ですぐに注文することも可能

「取付簡単」「自動OFFタイマー」「温度の上がりすぎを防ぐ安全機能」「すぐ暖まる」「フィルター掃除も簡単」「転倒時の電源OFF機能」……。いずれをとっても、主婦の心をくすぐる機能であり、特長です。

アイリスオーヤマの家庭用ヒーターと同じものをほかのECで探そうとしても、余分な機能や不要なスペックのないモデルで、同社並みの手ごろな価格で購入できるというものはなかなか見つからないでしょう。高いけれどハイスペック、あるいはとにかく安いもの、という視点なら探すことは可能でしょうが、生活者1人ひとりが「私のニーズにぴったり」というものを探すのは難しいと思います。

つまり、アイリスプラザには、「私にとってのオンリーワン」がラインアップされているのです。

■「業態メーカーベンダーシステム」の特徴とメリット

繰り返し述べているように、アイリスオーヤマでは自らを業態メーカーベンダーと呼んでいます。小売業が業態化していく（例えば、ホームセンター、ドラッグストア、ECなど）のに合わせて、それぞれのニーズに対応する「メーカーベンダー」に変化していく業態、とでも言えばよいでしょうか。

同社では過去、節目節目で業種業態の転換を求められるような局面に接してきました。初の自社製品であるプラスチック製の養殖用ブイの大量返品で倒産危機に瀕したときには、「問屋機能」を自社で持つことの重要性を学びました。プラスチック成型メーカーであっても、ホームセンターと取引する問屋からは金属製、陶器製のものが求められることもあり、すべての素材に対応する必要に迫られました。

「育てる園芸」から「飾る園芸」「見せる園芸」への園芸売り場のコンセプトチェンジを提案していく際には、売場づくりに必要なものまで含め、すべて調達し、ホームセンターに供給してきました。

1つのヒット商品、限られたカテゴリーに執着せず、取引先の業容拡大に応じ、またあるときには先んじて、自社の業容を広げ成長の糧としてきたのがアイリスオーヤマです。

ここで一度、一般的な取引システムと、アイリスオーヤマが実践する業態メーカーベンダーシステムとの違いを確認してみましょう。

一般的な取引システムは、プラスチック製品、金属製品、木製品、ペットフードなど、それぞれのカテゴリーごとに、メーカーがあり問屋があって、小売店に納入され、生活者の手に渡るというものです。

それに対し業態メーカーベンダーシステムというのは、アイリスオーヤマが製造機能（メーカー）と問屋機能（ベンダー）を持ち、小売店の売れ行き情報に基づき、商品を自社工場で生産し、迅速に小売店に商品を納入できるというものです。

業態メーカーベンダーシステムの特長として考えられるものとして、

・多彩な素材で商品を開発
・問屋を通さないので新商品をスピーディーに市場に供給できる
・物流コストや中間マージンの削減により、商品価格を低く抑えられる
・全国の販売情報を小売店に還元できる
・生活者や小売店の情報を商品開発に活かせる

といったことが挙げられます。

■業態メーカーベンダーシステム

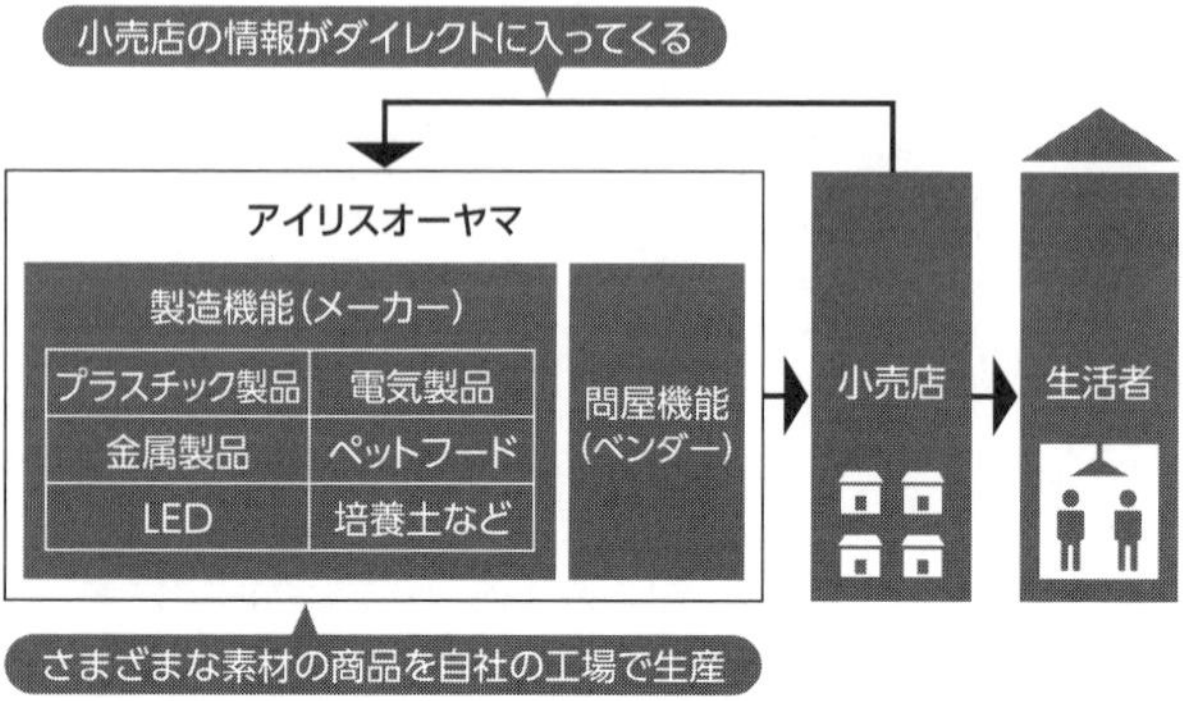

特長

・多彩な素材で商品を開発
・問屋を通さないので新商品をスピーディーに市場に出せる
・物流コストや中間マージンの削減により、商品価格を低く抑えられる
・全国の販売情報を小売店に還元できる
・生活者や小売店の情報を商品開発に活かせる

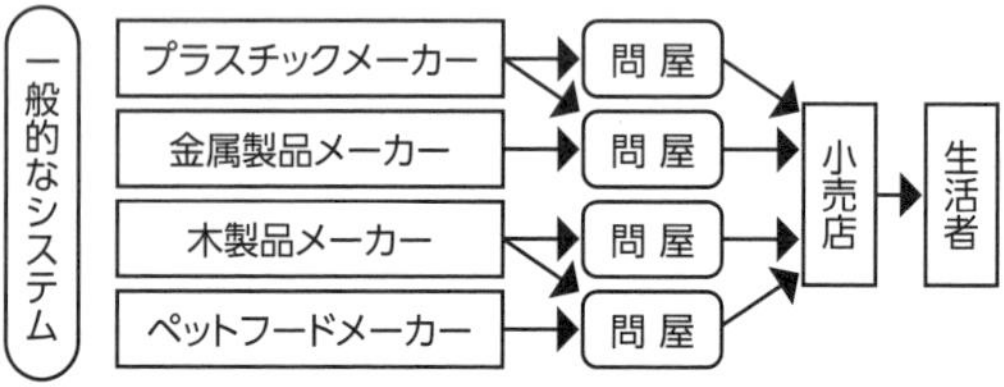

出典：アイリスオーヤマのHPより

小売店から生活者の手に渡るプロセスは、一般的な取引システムと同じ流れになりますが、生活者のニーズに合わせた商品を、タイムリーに小売店の店頭に届けることが可能になるという点で、メーカーベンダーや小売店は売上げ拡大を期待でき、生活者としても自身のニーズに適《かな》った商品に触れる機会が増えるというメリットも出てくるでしょう。

■物流に対する考え方・取り組みも独特

メーカー機能と問屋機能を併せ持つアイリスオーヤマ。同社の物流に対する考え方には独特のものがいくつかあります。

まず、配送費についてです。一般には販管費として全体で管理されていますが、同社では管理会計上、製造原価扱いにしています。どの商品に配送費がどのくらいかかっているのかが明らかになるようになっているのです。こうすると現場でどういうことが起こるかというと、実際に小売店から受注のあった量以外には極力、製品在庫を持たなくなります。余分に倉庫在庫を作ってしまうと、売上げは計上されないのに、原価だけが計上されることになり、管理会計的には利益を押し下げることになってしまうからです。

次に、工場は物流立地・物流設備投資を優先して立地を考えています。「物流センター内に工場を作る」という発想で、1物流センターの届け先を100～300㎞圏内で設定し、配送エリアが重複しないように工場を設置しています。「売れるものをスピーディーに作り、いち早く小売店に届ける」ことが徹底されており、その結果、「在庫を極力持たない」状況が生まれるようになっています。

物流機器については、リースも保守契約もしていません。物流に関わるコストのブラックボックス化をなくし、効率よくコントロールするためです。社内でできることはすべて自分たちで対応するという自前主義が浸透しており、自動倉庫のWCS（倉庫コントロールシステム）も社内のエンジニアが担当して開発しました。機器のメンテナンスも自分たちで対応するのが当たり前になっています。

余談ですが、物流センター内にある作業台なども、ホームセンターの商材を利用して自前で作ったことがひと目でわかるものを使用しているようです。

同社は日本国内に9ヵ所の物流センターを設置しています。それぞれ港やインターチェンジといった交通の要衝近くに立地しており、100～300㎞圏内の当日配送が可能

■国内で稼働中の物流センター兼工場

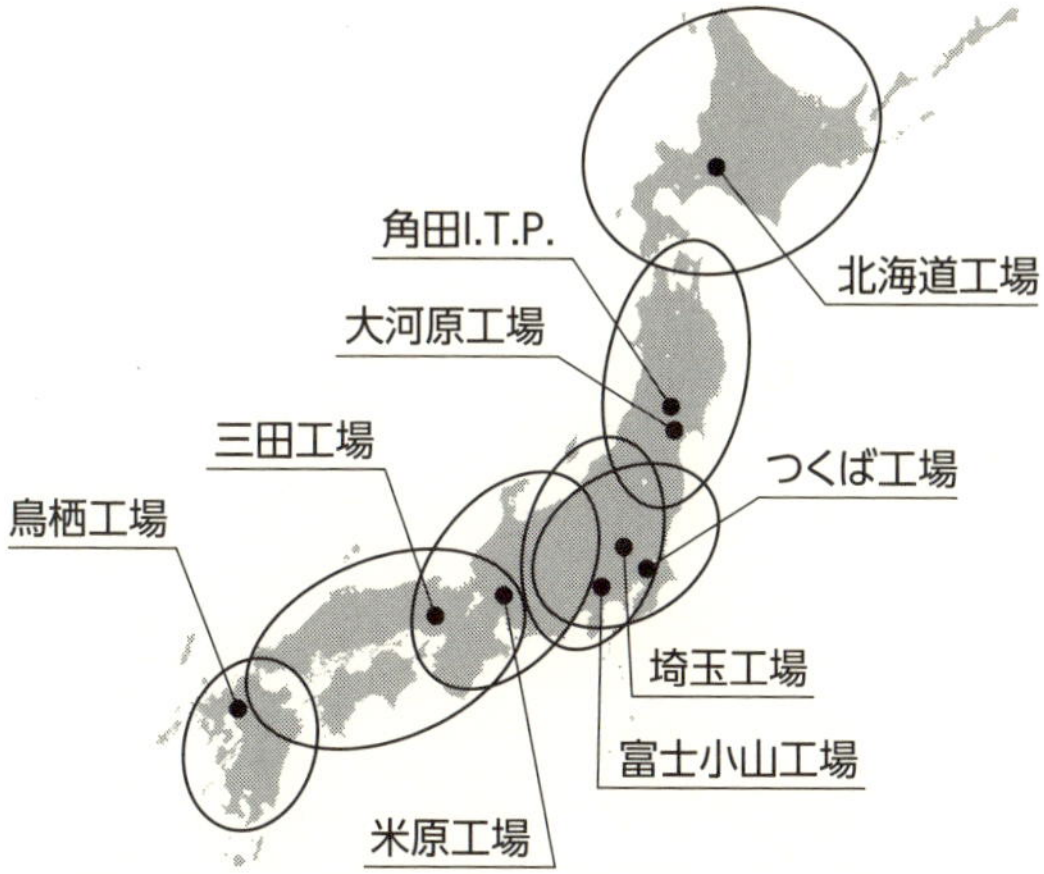

出典：アイリスオーヤマのHPより

で、９ヵ所の物流センターを活用すれば、日本のほぼ全域に当日配送することができます。

現在、国内で稼働中の物流センター兼工場は以下の通りです。

１９７２年～：宮城県大河原工場
１９８７年～：兵庫県三田工場（現在は物流に特化）
１９９０年～：佐賀県鳥栖《とす》工場（第二工場でＬＥＤ照明を生産）
１９９２年～：宮城県角田工場
１９９４年～：北海道工場
１９９７年～：静岡県富士小山工場（現在は物流に特化）

２００１年〜：滋賀県米原工場
２００３年〜：埼玉工場
２０１８年〜：茨城県つくば工場（ＬＥＤ照明の３番目の生産拠点）

■工場稼働率はあえて6割程度に抑え、急な増産ニーズにも対応

物流センター内は、工場エリア、メーカーとしての在庫エリア、ベンダー物流の商品管理を行なう配送エリアに分かれています。物流費は、メーカー、ベンダーそれぞれ別々に管理をしており、自動倉庫についてはメーカー部門が持つことになっています。

施設内での基本的な手順は、工場で生産した製品を在庫エリアにストックする→在庫製品を必要に応じてピッキング→配送エリアで在庫製品以外の商品と合わせて小売店向けに仕分け・出荷という流れになっており、工場、倉庫内は24時間搬送車が走り回って効率化を進めています。納品についてはコンテナミキシング（１つのコンテナに多品種の製品を混載）を基本にしています。

アイリスオーヤマの工場の稼働率に対する考え方もユニークです。100％稼働させることはなく、稼働率65％程度、常時3割以上の余裕をもたせておくのが基本です。同社では売上げ予測は5割程度までぶれることがあると想定しています。それでも稼働率65％で運用していれば、仮に上限まで上振れしたとしても、65％×1・5＝97・5％におさまり、生産設備の追加投資をすることなく増産への対応が容易にできます。また、製造ラインに余裕があれば、突発的な需要増が生まれたときにも追加投資をすることなく、特需に対応することが可能です。

実際に、東日本大震災直後にはLED照明を増産することができ、同社のシェア獲得につながりました。また、SARSが流行したときにはいち早くマスクの増産体制を築き、これを契機にドラッグストアとの取引も広がっていきました。

もし稼働率65％を維持できなくなった場合には、追加投資を行ない新たな生産設備の構築を図ることになります。

在庫については、仕掛かり在庫および原材料在庫を持つことはありますが、完成品在庫を極力持たないというのが基本的な考え方です。約7700の製品の金型を保有しており、製品が必要とされるときには、製品の移動距離が最短になるように、世界中どこででも作れる体制を構築しています。

次の章のZARAとこのアイリスオーヤマは、業種は違いますが、共通項があります。ファストファッションの世界的ブランドのZARAでは、初期段階では当初計画の4分の1しか生産しないと言われています。同社もアイリスオーヤマ同様、販売予測がはずれて在庫をかかえることになった場合のコストがいかにムダなものかを理解しているのでしょう。また生産スピードに対するこだわりも両社ともあります。そして商品開発スピードに対するこだわりも共通しています。

その理由は、両社とも創業後の経営危機のきっかけが同じだからだと思います。両社とも売り手からの大量返品に苦しめられました。

では次章でZARAについて語りましょう。

第4章

ZARAの物流戦略

■アパレルの世界でいま最も勢いのあるブランド

ファストファッションで世界的に有名なブランド「ZARA（ザラ）」は、1998年に日本第1号店をオープンし、その後店舗数を順調に拡大。2018年1月現在、日本国内で98店舗を展開しています（直接的な店舗運営はザラ・ジャパンが担当）。

2018年5月には、東京・六本木にZARAとして日本初となるオンラインショッピングに特化した期間限定店舗（ポップアップストア）をオープンしました。商品の展示と試着に特化した店舗で、ZARAアプリを通じて、店内の商品のバーコードをスキャンすると、顧客の希望するアイテム、サイズを試着室に用意してくれる仕組みです。

試着して気に入った洋服があれば、ZARAのオンラインストアから購入できます。店舗に用意される商品は試着用のもので、オンラインストアでの購入商品はEC専用倉庫から出荷されるため、当日13時までの購入であれば同日の18時以降、13時以降の購入であれば翌日の午後には、六本木店での受け取りが可能になります。商品の受け取りは六本木店のほか、国内のほかのZARA店舗や自宅への宅配などから選ぶことが可能です。

ＺＡＲＡでは、これまでロンドン、ミラノにオンラインストアと連動したポップアップストアを展開し、「実店舗とオンラインの融合」にチャレンジしていますが、六本木店のように試着室を設けたオンラインショッピング専用店舗は初めての試みです。これまでのＺＡＲＡのポップアップストアは、商品を直接手に取って確かめるためのショールームとして利用してもらい、商品の購入につなげるというねらいだと思います。一方、六本木店の試着室付きポップアップストアは、試着室が利用者とのインターフェース機能も果たし、試着された商品のうち「購入につながったものは何か」、「どんな場合に購入につながらないのか」といったデータをテスト的に収集するねらいもあると考えています。

現在このＺＡＲＡは世界96ヵ国に２０００店以上を展開しています。その運営全体を管理しているのが、スペインに本社を持つインディテックス（Inditex）です。

ファストファッションというのは、ファッションサイクルを従来型小売りの６～９ヵ月から５週間程度に短縮し、より流行を意識した値ごろ感のある商品で消費者の心をつかみ、成長を続けているカテゴリーで、このインディテックス、スウェーデンのＨ＆Ｍ、ユニクロを展開するファーストリテイリングが市場を牽引しています。

ブランドの価値や戦略についてコンサルティング・サービスを提供しているBrand Financeが発表した2018年版アパレルブランドのブランド価値ランキングによると、「NIKE」(米国、280億3000万ドル)は、前年に引き続き、「ZARA」(ブランド価値174億5300万ドル)は、前年に引き続き、「NIKE」(米国、280億3000万ドル)、「H&M」(スウェーデン、189億5900万ドル)に次ぐ第3位でしたが、「オンラインとオフラインとを活用して、消費者の好みを十分満たす幅広い品揃え、ファッショントレンドの提供、低価格を実現しており、第2位のH&Mを脅かす勢いがある」という評価がされていました。

トップのNIKEは前年から評価額を下げているのに対し(マイナス12%)、ZARAは前年から21%も上昇させており、現在アパレルの世界において最も勢いのあるブランドの1つと言えるでしょう。ちなみに同じランキングで、ファーストリテイリングが展開する「ユニクロ」は第9位と、前年の5位からランクを下げていました。

ブランド価値においてZARAの評価を一気に高めているインディテックスですが、業績面でも、この10年(2007年から2017年)で、売上高は3倍近く(94億ユーロ⇒253億ユーロ)、利益(EBITDA=利払い前・税引き前・減価償却前利益)はほぼ

■インディテックスの売上・利益推移(2007〜2017年)

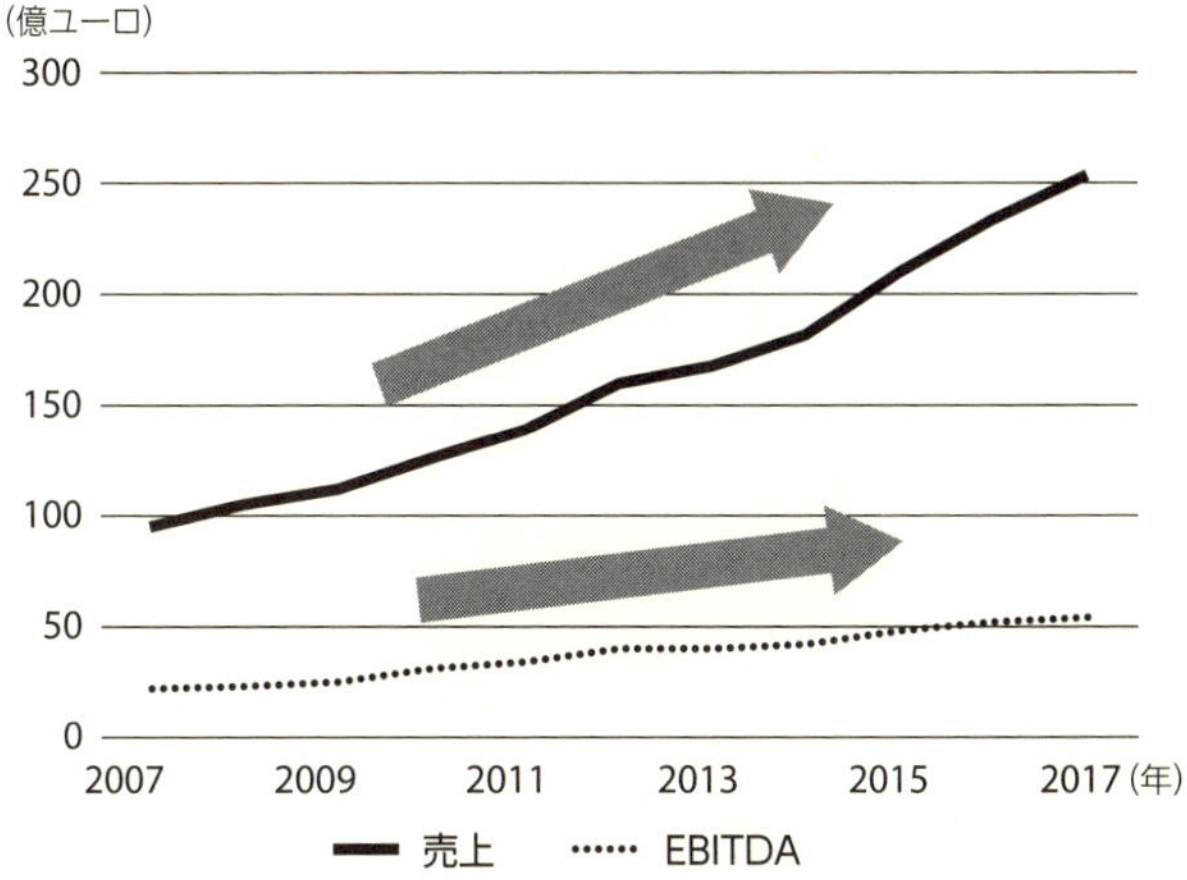

２・５倍（21億ユーロ⇒53億ユーロ）というように、急成長を続けています。

「世界の小売業ランキング２０１８」（デロイト調査、２０１６年度決算ベース）では、前年の43位から5ランクアップし38位（売上高２５７億３４００万ドル、グループ純利益34億９０００万ドル）になりました。

同じファストファッション分野では、H&Mは42位（売上高２２６億ドル、グループ純利益21億９１００万ドル）、ユニクロのファーストリテイリングは58位（売上高１５７億３９００万ドル、グループ純利益４億７７００万ドル）でした。

■出荷指示から48時間以内に、世界中の店舗に納品できる驚異の物流体制

2018年3月、私はスペインの北西部、ガリシア州ラ・コルーニャにあるインディテックスの本社を訪ねました。

ラ・コルーニャはヨーロッパの中で〝最も美しい地の果て〟と称されるところですが、到着した日はあいにくの雨模様。それでも初めて足を踏み入れた場所は1時間ほどかけてランニングをしながら、街を観察することを習慣にしている私は、いつもどおりに街走りを楽しみました。すると、到着したときの天候がまるで嘘だったかのように、一気に青空が広がっていました。このとき「今回も楽しい取材になる」、そう確信したのは言うまでもありません。

実は、そもそもこのアポイントが取れたこと自体が幸運と言ってもいいほど、インディテックスは大手メディアでも滅多にアポイントの取れない会社として有名でした（私がこの事実を知ったのはアポイントが確定してからでした）から、すでにこの地（ラ・コルー

ラ・コルーニャにあるインディテックス本社

ニャ）にいること自体が幸運以外の何物でもありませんでした。

インディテックスは、現在スペインの長者番付で堂々１位に名を連ねているアマンシオ・オルテガ氏が１９８５年に持株会社として設立した会社です。私がその本社を訪れたときは、すぐ隣の用地に17万㎡の物流センターを増築中でした。

同社のWebサイトには、It's One of the world's Biggest Fashion Distributors（世界で最も大きなアパレル用品の流通事業者の１つ）と記されており、また、最初の物流センター（約１万㎡、現本社のあるアルテイショ）を建設したのが、スペイン主要都市に９店舗を出店した翌年、持株会社設立の前年（１９８４年）ということからもわかるように、物流のことをものすごく意識している会社です。

現在、ZARAをはじめ8つのブランドを世界5大陸の7000超の店舗で展開しながら、出荷指示からヨーロッパの店舗なら36時間以内、ヨーロッパ以外の店舗でも48時間以内に商品を納品できる物流体制を構築したのが、“Speed Logistics”製造小売業、インディテックスです。

これからアポイントの取りにくい会社、インディテックスについて深く見ていきますが、その前に、現在どのような経営状況にあるのか、同じアパレルの製造小売り（SPA）業態のユニクロ（ファーストリテイリング）と比較しながら、頭に入れておきたいと思います。

まず売上げですが、インディテックスは日本円換算でおよそ3兆3400億円（2018年1月期）あります。それに対しユニクロはおよそ1兆8600億円（2017年8月期）で、2倍近くの差があります。

次に粗利率です。インディテックスの56・28％に対し、ユニクロは48・83％と、約8％の開きがあります。販管費率は35・30％、ユニクロは38・95％です。その結果、インディテックスの営業利益率は17・03％となり、ユニクロの9・47％とは2倍近い収益性の差に

■国内各社との経営数値の比較

● "Speed Logistics" 製造小売業 ⇒17%を超す高い営業利益率

	INDITEX	ユニクロ	ニトリ	大塚家具	島忠	良品計画
資料期間	2018年1月期	2017年8月期	2017年2月期	2015年12月期	2017年8月期	2017年2月期
売上(百万円)	3,344,352	1,861,917	512,958	58,004	141,167	333,281
粗利率	56.28%	48.83%	54.25%	53.21%	33.11%	49.87%
販管比率	35.30%	38.95%	37.53%	52.45%	27.73%	38.36%
営業利益率	**17.03%**	9.47%	16.72%	0.75%	5.38%	11.51%
在庫回転数	4.13	3.29	5.04	1.94	4.57	2.3

なっています。第２章でも取り上げましたが、収益性でほかの国内企業を圧倒するニトリでも16・72％ですから、インディテックスはそれをも上回る高い収益性を確保しているということです。

そして最後に在庫回転数ですが、原価ベースでの計算で４・13回転あります。ユニクロはというと３・29回転にとどまっており、"Speed Logistics"を旨とするインディテックスが、いかにムダな在庫を抱えずに販売機会につなげているのかがよくわかると思います。

■倒産危機の経験から生まれた製造小売り方式

できあがった商品はできるだけ早く売場に届け、ムダなく在庫を使って販売機会のロスをなくし、売上げ、利益を拡大させる“Speed Logistics”。製造小売業インディテックス。この事業モデルがなぜ、どのように生まれたのか。

その背景を知るために、創業者であるアマンシオ・オルテガ氏の生い立ちから見ていきましょう。

オルテガ氏は、スペイン国内で軍事クーデターによる内戦が勃発した1936年に生まれ、鉄道員として働く父親のもと、決して裕福とは言えない家庭に育ちました。そして14歳のとき、生活のためにシャツ販売店で働くことになります。

あるとき、オルテガ氏は店の経営者にシャツの製造を提案し、その部門を任されました。この店でシャツの製造販売のノウハウを身につけたオルテガ氏は1963年に独立、スペインの北西部にある美しい港湾都市、ラ・コルーニャで衣料品の製造卸を始めました。

事業は順調で、10年後には従業員500人を抱えるまでになりました。しかし、そんなとき、ドイツの主要取引先から注文品の全量キャンセルに遭い、在庫の山となりあわや倒産という最大の危機を迎えます。そこで気づかされたのが、取引先の注文に依存してあまりにも多くの在庫を持ちすぎることの危うさです。

世界のトヨタも同じような体験から「かんばん方式」を生み出しましたが、オルテガ氏もこの経験から現在のインディテックスの生産方式の発想にたどりつきました。加えて、有名百貨店のバイヤーからの提案が的外れなもので、自分たちの予測のほうが正しいことが多いという思いから、店舗を構えての製造販売に踏み切り、1975年、ZARAの1号店をラ・コルーニャにオープンしました。

取引先からの注文で製造を考えるのではなく、その先にある販売（川下にあるお客様が買ってくれるのかどうか）からモノづくりを考えること。商品の動きが止まりかけたとき（＝需要が谷を迎えたとき）に次のものを一気に作ること。

私は需要予測の精度は「予測したときからの経過時間の2乗で落ちていく」と考えています。需要予測の翌日に製造するのと、翌々日になるのとでは、その精度に4倍（2×2）の差が生まれてしまう。翌々日製造したものは、翌日製造分の4分の1の精度になってしまう。特に流行に敏感なファッションであればこそ、わずかな時間差がより大きな違いとなって現れてくるのだと思います。

こうした考えに沿ってつくり出されるアパレル製品を、私は"Responsible Fashion"(流行に敏感に合わせたファッションづくり)と呼んでいます。最近のWebサイトの作り方は、スマホやタブレット、PCの画面サイズに応じて、最適表示されるようになっていますが、そのファッション版というイメージです。

オルテガ氏が考え出した新たな生産方式はファストファッションとして、確実に消費者の心をつかみ、今日のインディテックスの隆盛につながりました。

オルテガ氏はインディテックスの成長により、スペインの長者番付1位にランクされる富豪になりましたが、本社で働く人に聞くと、今でも、「毎日社員食堂で食事をとり、昔と同じく質素な白いシャツを着ている」そうです。

■2000年代に入り、店舗数が急拡大

その後のZARAはどう成長していったのか、時系列で簡単に見ていきましょう。

1983年、ZARAはスペイン国内の主要都市に9店舗を展開するようになりました。その翌年（1984年）、物流センター第1号をアルテイショ（スペイン・ラ・コルーニャ県）に建設（面積1万㎡）。1985年に持株会社としてインディテックスを設立。

1988年、スペイン国外に店舗を初出店（ポルトガル・ポルト）。米国・ニューヨーク（1989年、レキシントンアヴェニュー）、フランス・パリ（1990年、Rue Halevy）にも続けて出店。

1991年、ZARAに次ぐブランドとして「PULL & BEAR」を立ち上げます。インディテックスでは単なるブランドではなく、コンセプトとして考えていますが、ZARA立ち上げから16年を経過していました。

1995年、「Massimo Dutti」を完全買収し、1998年に「Bershka」（ベルシュカ）、1999年には「Stradivarius」（ストラディバリウス）と、立て続けに新たなブランドを加えていきました。このころまでに出店エリアは、オランダ、ドイツ、ポーランド、サウジアラビア、バーレーン、カナダ、ブラジル、チリ、ウルグアイ、日本（日本進出は1997年、1号店出店は1998年）にも広がっていきました。

2000年には世界1000店舗を達成します。1975年の1号店出店から25年かかりました。同じ年に英国・ロンドンにZARAを出店。新本社に移転。

2001年に6番目のブランドとして「OYSHO」を立ち上げ、マドリード株式市場への上場を果たします。

2003年、7番目のブランド「ZARA HOME」の立ち上げ。

2004年には香港に出店し、世界2000店舗を達成。25年を要した1000店舗達成から、わずか4年での2000店舗達成でした。2005年、パブロ・イスラ氏がCEOに就任すると、年間700の新店出店を表明し、出店スピードがさらに加速しました。

2008年に8番目のブランド「UTERQÜE」を立ち上げ。

2010年には5000店舗を達成。ローマにエコショップを出店しました。また、オンラインストアを立ち上げ、ネット上からグループの各ブランドを購入できるようになりました。

そして2018年1月現在で、世界96ヵ国、7475店舗（8つのブランドの合計）を展開するまでに成長してきています。

こうした急速な事業拡大を背景に、インディテックスの株価は上昇基調を続けています。

■物流センターの在庫は、商品ではなく、生地

これからインディテックスのサプライチェーン（SC）について見ていきたいと思います。その本題に入る前に、“Speed Logistics”製造小売業としてのインディテックスを可能にしているポイントを簡単に整理しておきます。

まず、各店のマネジャー、カントリーマネジャー、各国の営業担当、プロダクトマネジャーは、毎日、店・顧客情報を共有します。現在、世界中に7500近い店舗（うちザラは2251店舗）がありますから、共有する情報だけでも膨大な量になります。

次に、販売拠点からの発注は週2回。本社からの出荷指示も週2回あります。出荷指示からの時間軸で見ていくと、1時間後にはスペインにある物流センター（9拠点、10ヵ所）に商品情報が送られ商品を確認、2時間後には出荷準備が開始され、8時間以内に商品の出荷が完了します。ヨーロッパの店舗ではトラック便で36時間以内に商品が到着。ヨーロッパ以外の店舗の場合は、航空便により48時間以内に到着というのが基本です。

生産拠点（工場）は60％がヨーロッパ、アジアを中心としたその他の地域が40％で、それらのうち自社工場が4割を占めています。自社工場では型入れ、裁断、縫製、検品、アイロン仕上げ、ＲＦＩＤタグ（無線タグ）装着などを行ない、協力工場では生産・縫製を担当しています。

では、サプライチェーン（ＳＣ）の流れをもう少し詳しく見ていきましょう。

インディテックスの場合、ＳＣのほぼすべてを自社で構成しています。

デザインについては、プロダクトマネジャーによる月2回の会議を経て商品が決定されます。バイヤーとデザイナーは机を囲むかたちで座席が配置され、モデルも常駐していますから、いつでもデザインの確認、打ち合わせができるようになっています。

次に生地の裁断です。物流センター内に生地が保管されており、自動裁断機で裁断し、縫製工場に出荷します。実はインディテックスでは物流センターの在庫は、商品ではなく、生地なのです。

縫製については、60％が自社および近隣国の8工場で行ない、厳しい監査の目を通し、生地を送ってから10日で自社工場に戻ってきます。アジア工場では定番品の縫製が中心です。

■サプライチェーンの流れ

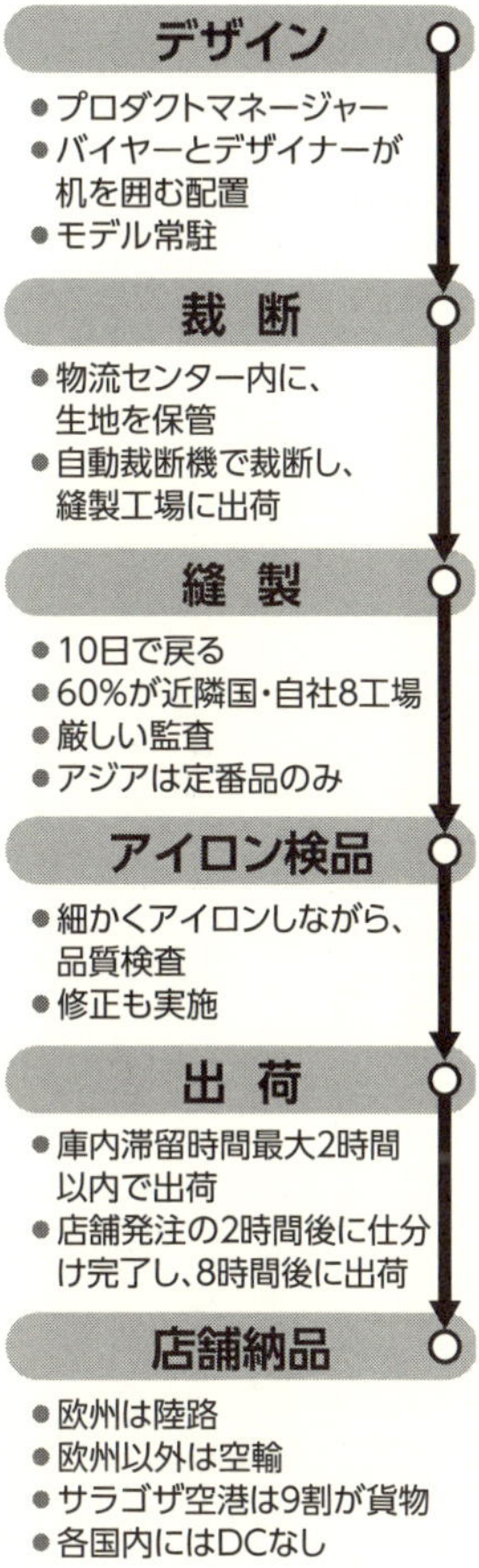
デザイン
●プロダクトマネージャー
●バイヤーとデザイナーが机を囲む配置
●モデル常駐
裁断
●物流センター内に、生地を保管
●自動裁断機で裁断し、縫製工場に出荷
縫製
●10日で戻る
●60%が近隣国・自社8工場
●厳しい監査
●アジアは定番品のみ
アイロン検品
●細かくアイロンしながら、品質検査
●修正も実施
出荷
●庫内滞留時間最大2時間以内で出荷
●店舗発注の2時間後に仕分け完了し、8時間後に出荷
店舗納品
●欧州は陸路
●欧州以外は空輸
●サラゴザ空港は9割が貨物
●各国内にはDCなし

続いてアイロン仕上げ、検品の工程になります。自社工場内で細かくアイロンがけをしながら、品質検査も行ない、ＲＦＩＤタグを装着し完成させます。修正が必要となった場合には自社工場内で対応しています。同社の場合、デザインから商品の完成まで２週間が基準になっていますが、実際には１週間でできるとも言われています。

商品の出荷ですが、物流倉庫内での滞留時間は最大２時間。店舗からの発注から２時間後には商品の仕分けが完了し、発注を受けてから８時間後には出荷を終えます。

店舗への配送は、先述したように、ヨーロッパの店舗は陸路を使ったトラック便で、ヨーロッパ以外の店舗の場合は航空便を活用しています。

航空便の発着はサラゴサ空港をベースにしています。インディテックスのベース基地となっているだけあって、サラゴサ空港は9割が貨物輸送になっているそうです。ただし本社のあるラ・コルーニャから750km近く離れている（ちなみに、東京から青森までの新幹線の営業キロは約720kmです）ため、製造拠点から比較的近い（車で1時間程度）サンティアゴ空港から、サラゴサ空港まで移送しています。

各国内にはDC（在庫保管型物流センター）を置かないというのが同社の考え方で、実はZARAが日本上陸を果たしたころ、私の実家の物流会社で店舗への搬入作業を請け負ったことがあります。

インディテックスはスペイン国内10ヵ所に物流センターを設けています。本社物流センターの一角に、この10ヵ所の写真が大きく掲示してあり、このことからも同社が物流を強く意識していることを感じることができます。

10ヵ所を順に挙げると、本社のすぐ隣にあるArteixo（ZARA用、30万㎡）、Cabanillas

del Campo（PULL&BEAR、ZARA HOME用、計15万㎡）、Elche（TEMPE用、12万3000㎡）、Meco（13万6000㎡）、Naron（PULL&BEAR用、5万3000㎡）、Onzonilla del Campo（4万1000㎡）、Palafolls（Bershka用、8万6000㎡）、Sallent（Stradivarius用、7万7000㎡）、Tordera（UTERQÜE、OYSHO用、計17万4000㎡）、Zaragoza（19万6000㎡）になります。

2018年に訪問した物流センター

また現在、本社の隣のArteixoに17万㎡の物流センターを増築中で、従来と合わせて50万㎡近い巨大物流センターが稼働することになります。

これら物流センターでは、週6日（日曜定休）×3交代（午前、午後、夜）の24時間操業で回しています。3日が1サイクルとなっており、各店には週2回発送が可能な仕組みになっています。さらに同社ならではの物流センターの使い方になりますが、生地の裁断や検品など、製造工程の一部機能を担う役割も果たしています。Meco物流センター（13万6000㎡）では1000人以上が勤務し、1日100万着の入荷・発送に対応しているそうです。

■環境や労働問題への高い意識と取り組み

1990年代半ば、米国シューズメーカーの東南アジアの生産委託先工場で、強制労働、児童労働、低賃金労働など、労働環境問題が明らかになりました。それをきっかけに、インターネット上から同社への反対キャンペーンが広がり、同社製品の世界的な不買運動へと発展したことがありました。

そうしたこともあり、海外に数多くの生産委託先を持つインディテックスではSC監査(Supply Chain Audit）を実施し、常時、原材料をどこから仕入れているのか、問題とされる労働環境はないかといったことを確認し、その結果を明らかにしています。

海外の生産工場は1805拠点あり、同業のH&Mの800、ユニクロ（ファーストリテイリング）の184と比べ圧倒的な数になっています。地域別では、ヨーロッパが53・

■工場と供給委託先の地域別分布割合

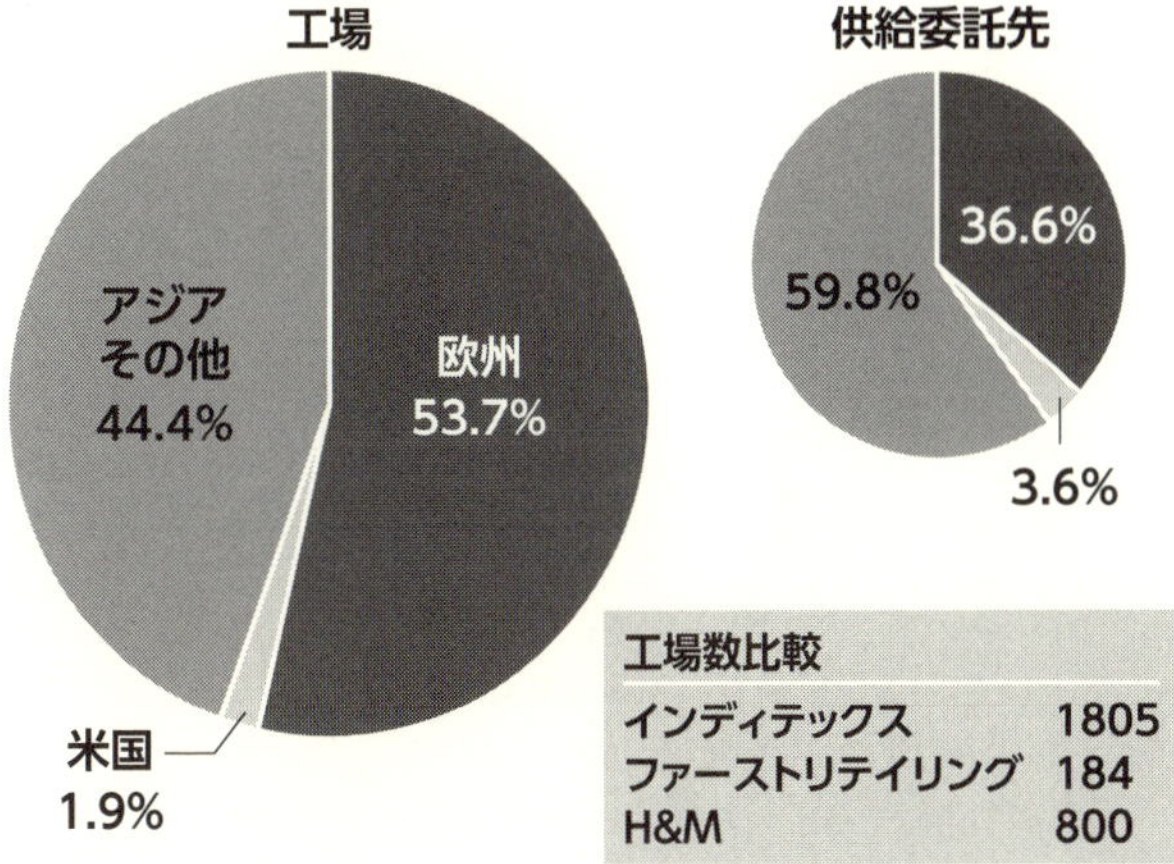

工場数比較	
インディテックス	1805
ファーストリテイリング	184
H&M	800

7%、アジアその他が44・4%、アメリカが1・9%という割合です。

　これを供給委託先で見た場合には、ヨーロッパが36・6%、アジアその他が59・8%、アメリカが3・6%と、工場の地域別分布割合との違いが表れていますが、ヨーロッパの委託先には多くの工場を持つ企業が多く、逆にアジア等では規模の小さいところが多いことから、そうした違いになっています。

　現在、継続的に監査を実施している生産委託先は2700以上あるそうで、本国のスペイン以外では、中国、トルコ、ポルトガル、インド、モロッコ、バングラディシュ、アルゼンチン、ブラジルなど、広範囲にわたっています。これらの中で、もし何か問題が生じたときには、すぐに別の工場に切り替えられる体制を築いています。

ヨーロッパには、環境やエコロジーに関心を持つ企業が数多くあります。そうした発想がないと、社会に受け入れられにくいからです。

アパレル製品を世界中に大量に生産・流通させているインディテックスの場合も、原材料である綿は通常、大量の水を使用して生産されるため、「Circular Fashion System（循環型ファッションシステム）」をめざすべき方向として掲げています。

「Circular Fashion System」を実現していくためには、「Organic Cotton」、「Recycled Cotton」（再生綿）、「Refibra Lyocell」（再生セルロース繊維の1つ。ユーカリ〈木材〉を特殊な溶剤で溶かして作られる〈溶剤紡糸法〉再生繊維。溶剤を回収して再利用するため、廃液が環境中に放出されず、地球にも優しいエコロジカルな繊維）、「Recycled polyester」、「upcycling」（廃物や使わなくなったものを、新しい素材や製品として価値を高めていくこと）の社内的な理解、活用が必要です。

そのための具体的なアクションとして、同社では2020年までに実現すべき4つの重点ポイントを挙げています。

1つ目が、素材や生地に一切のムダを出さないようなデザインづくりを可能にすること。すでに生地の裁断については、ムダが出ないよう、コンピュータ上で、効率的なパーツの裁断を試算しながら行なっています。2つ目が、約2000店の店舗を通じて使用済み衣類の回収を増やすこと。3つ目が中古衣類の再販売を増加させること。そして最後の4つ目が再生繊維の使用を増やしていくこと、です。

■プロパー販売率(発売時の価格で売り切る割合)は9割と極めて高い

インディテックスでは、月2回の会議に基づき、年間5万点の商品開発を進めています。その中枢を担うのがデザイン部門です。

インディテックスのデザイン部門は、デザイナーチーム、プロダクトマネジャー、バイヤーチームで構成され、約700人が在籍し、うちZARAの担当が350人います。年間5万点の商品開発に関わり、婦人用の生地を2万4000㎡、紳士用、子ども用でそれぞれ1万3000㎡を使用しています。

700人で5万点の新商品を開発するわけですから、1人当たり年間約70点以上の開発に関わることになりますが、1点の開発には必ずデザイナー、プロダクトマネジャー、バイヤーが関わることを考えれば、1人当たりの担当点数は年間約250点以上ということになります。年間の労働日数は、週休2日ならほぼ250日ですから、とにかく毎日、新商品を1人1つずつ開発しているということです。

同社内では「ここには普通の平穏な日というのはないんです」ということが、日常的に語られるということですが、毎日が新商品開発ということになれば、「平穏な日」は望むべくもないということなのでしょう。


インディテックスの商品は、ZARAをはじめどのブランドも、基本的に広告などの販促コストをかけずに販売しています。

「なぜ広告コストをかけないのか?」という問いに対し、以前オルテガ氏は次のように答えたそうです。

「広告によって利益を受けるのは、企業であって顧客ではない。だからこそ私たちは広告に投資する分を商品の質を上げて価格を下げることに使うと決めたんだ。君が顧客ならどちらを望む？　広告への投資か？　それともより質の高い製品や、より手の届きやすい価格か？」

通常のアパレル製品の場合、プロパー販売率（発売時の店頭価格で売り切る割合）は60％あればかなり効率的と言われていますが、インディテックスではプロパー販売率は90％にもなるそうです。ムダの少ない販売で定評のあるユニクロでも75％程度ですから、同社のプロパー販売率の高さが尋常でないことがよくわかります。このことからもインディテックスの商品がいかに消費者に望まれているのかが、明らかだと思います。

また販促コストをかけないことについては、次のような見方もあります。

「週2回、新商品を投入するZARAでは、販促プロモーションの準備サイクルよりも商品投入サイクルが早いため、大規模な単品訴求の販促プロモーションを行なっていない」

新商品の投入サイクルが早いのは、消費者の需要予測の精度を上げる＝消費者ニーズにマッチさせるためでもあるわけですから、インディテックスが販促コストをかけていないのは、いずれにしても〝顧客のため〟と考えることができます。

■店舗モデルを本社内に作り、商品展開方法などを世界に発信

2018年2月現在、インディテックスが展開する店舗数は7475店舗あります。8つのブランドごとでは、ZARAが2118店、ZARAのサブブランドZARA Kidsが133店、PULL & BEARが979店、Massimo Duttiが780店、Bershka 1098店、Stradivarius 1017店、OYSYO 670店、ZARA HOME 590店、UTERQÜE90店となっており、ZARA（ZARA Kidsを含む）が約3割と、ほかのブランドを大きく上回っています。さらにブランド別の売上げでは、ZARAが全体の3分の2（65・6%）を占めています。

次に、この10年の店舗数の推移を見ると、スペイン国内の店舗数は2017年にスクラップ&ビルドを実施したこともあり微減傾向にありますが、海外店舗が3倍以上に増え、総店舗数では2倍以上になりました。この間に売上高は94億ユーロから253億ユーロへと、約2・7倍になっていますから、単なる大量出店による売上げ増とは、成長の質が違うことがわかります。

エリア別のブランドごとの割合では、アジアその他ではＺＡＲＡの比率が大きくなっています（世界全体で30・１％、ヨーロッパ27・０％、アジアその他が34・４％）。日本国内で見れば、これまで、ＺＡＲＡ（98店）、Bershka（25店）、ZARA HOME（17店）、Stradivarius（10店）の４ブランド１５０店舗の展開に限られており、その他の４ブランド（PULL&BEAR、Massimo Dutti、OYSHO、UTERQÜE）については日本上陸のうわさが聞かれるものもありますが、現時点では未出店です。

エリア別の違いで興味深いのが、Social Program（社会貢献活動）への支出額です。ヨーロッパ、米国、アジアその他での分類での出店数では、それぞれ67・０％、10・８％、22・２％となっていますが、社会貢献活動への支出額で見た場合には、60・０％、26・０％、14・０％となっており、米国では社会貢献を通じてブランドの浸透を図る必要があるということがわかります。

世界的なブランド展開を考えたときに、国ごと、エリアごとに展開するイメージが異なっていたのではブランドの認知はなかなか進みません。もちろんすでに世界１００ヵ国近いエリアで２０００店舗以上を展開しているＺＡＲＡは、そのロゴがファサードに掲げられているだけで、イメージが浮かびます。

しかし、ブランドが醸し出す店内の雰囲気ということになると、とにかく商品が早いスピードで回転することもあって、なかなか共通したイメージにはなりません。そこでブランドイメージの徹底のためにインディテックスがとっている手法が、商品展開の基本となる店舗モデルをパイロットストアとして本社内に構築し、全世界共通のものとして発信していることです。商品が入れ替わるたび各国ごとに「このとおりの店を作ってください」と徹底しているそうです。

■売上げの1割を占めるZARA.com

インディテックスは今、オンライン（EC）とオフライン（実店舗）の在庫管理システムを、1つのシステムに統合しようとしています。私が、オムニチャネルの3つの必須条件としているうちの1つ「在庫の一元管理」を行なおうとしているのです。

すでに、2017年にスペインで、2018年6月中旬時点で20の市場で導入され、2018年末には世界のすべての市場で導入完了する見通しです。

このようにリアルとネットとの融合を積極的に進めている同社ですが、今回、本社取材をした際に各ブランドの店舗をいくつも見て回るなかで、そうしたことを実感することができました。Stradivariusの店舗に行った際には、店内、店外を問わず「SHOP ONLINE OPEN 24H STRADIVARIUS.COM」と表示されているのをいくつも見かけました。

本章の冒頭でふれた東京・六本木のＺＡＲＡのポップアップストアも、ショールームとオンラインショップというリアルとネットとの融合の一形態です。

そこでここでは、現在ＺＡＲＡが展開するオンラインショップ「ZARA.com」についてふれておきたいと思います。

現在ZARA.comの売上げは、すでにインディテックスの世界売上げの12％を占めています。同社がオンラインストアをスタートしたのは２０１０年と決して早くはありません。当時、すでに世界５０００店舗の出店を達成していました。翌２０１１年には日本でのオンラインストア対応が始まり、オンラインストアからグループのブランドが購入できるようになりました。８ブランド、いずれのオンラインストアからでも、ほかのブランドの商品が購入できます。

オンライン上の商品は世界で20ヵ所にあるＥＣ専用の物流センターから、大都市圏は当日配送（Same day delivery）、その他の地域でも翌日配送（Next day delivery）が標準になっているそうです。"Speed Logistics"はオンラインショップでも実践されているということですね。ちなみに商品の発送に使用される段ボールはリサイクルだそうです。

インディテックス本社の中にインターネット販売部門のセクションがあります。そこには、巨大なスクリーンがありました。

その巨大スクリーンに映し出されたZARA.comの画面には、リアルタイムの情報がいくつも表示され、ちょうど訪問時は現地時間の日中でしたが、

「Active user 46,606
Spain6,789, Japan3,622, Italy, France, UK, Russia」
という順にユーザー数が表示されていました。

このときスペインはもちろんのこと、ほかのヨーロッパ諸国も日中でしたが、日本では深夜にあたります。そんな時間帯なのに日本からのアクセスがスペインに次いで多いということに、びっくりしました。それだけ日本にはZARAファンが多いということなのでしょう。

また、オンラインストアでどんな検索ワードが入力され、その結果、商品発見につながったのかどうかが、ひと目でわかる仕組みも導入されています。検索に使われたキーワードは「オレンジ」で表示され、商品発見に直結した場合は「グリーン」、商品発見に至らなかったときは「ピンク」の表示に変わります。

オンラインストアで販売する商品の撮影は、衣類用として50坪ほどの広さのスタジオが9つ、そのほかに小物と子ども用商品の部屋が用意されています。

■RFIDタグの装着で、棚卸しにかかる時間が2日から1時間に短縮

インディテックスの研究開発費はというと、約10億ユーロ。1ユーロ＝1・2ドルです

から、ドル換算で約12億ドル（約１３００億円）になります。

現在同社が研究開発投資を進めている分野の1つにＲＦＩＤがあります。

このＲＦＩＤというのは、無線通信によってタグに埋め込まれた情報（商品名、型番、価格など）をやり取りできる技術のことで、ＲＦＩＤタグを取り付けることによって、現在のバーコードによる商品管理に比べ、格段に効率化できると言われています。日本では、ユニクロのファーストリテイリングが展開するＧＵや、一部コンビニでの試験導入が始まったところです。

ＺＡＲＡについては、自社工場内で装着済みですが、ほかのブランドについても２０２０年までに全商品に装着する計画です。ＺＡＲＡではＲＦＩＤタグの装着によって、棚卸しに2日間を要していたものが1時間で完了するなど、店内作業の効率化を図っています。

ＩｏＴ（モノのインターネット）機能を持つ鏡を活用したインタラクティブフィッティングルームの開発も進めていますが、試着室の中で、何を着て、何を買い、どれを購入しなかったのかのログを取り、商品開発につなげていくねらいがあります。また、インディテックスでは、先端技術を使って取得したデータだけでなく、ＳＮＳ上の発言や、接客時に耳にしたお客様の発言なども共有しており、あらゆるデータに対して感度の高いアンテナを張り巡らせていることがわかります。

このほかモバイル決済（現在27市場で展開中）、オンライン通販時の明細書のペーパーレス化、セルフレジ、ＡＲ（拡張現実）アプリの活用なども積極的に進めています。

２０１８年４月から世界各地の旗艦店１２０店舗で導入したＡＲアプリは、専用のＡＲアプリをダウンロードし、所定のショーウィンドウや店内のセンサーにかざすと、スマホ画面上に商品を着たファッションモデルが現れて動き回る仕組みになっています。もちろんこのアプリはオムニチャネルに対応する前提で考えられており、商品が気に入れば、そのままアプリ上から購入することもできます。

最後に、インディテックスの本社内を歩いていて感じたことですが、私が「Logistics」という言葉を口にすると、案内してくれている担当者がとても反応していました。“Speed Logistics”製造小売業のインディテックスに勤める社員は、ふだんから「Logistics」を意識し、アンテナを広げて働いているのだと強く感じました。

それだけ同社にとってロジスティクスは重要なものであり、まさにビジネスモデルそのもののなのです。

第5章

DHLの物流戦略

■売上げはヤマト運輸の約5倍、利益は10倍以上の巨大企業

ＤＨＬというと、少し上の年代の方の中には、ＦｅｄＥｘやＵＰＳとならぶ国際宅配便の会社をイメージする方が少なくないと思います。しかし現在、ＤＨＬという場合、その当時の規模をはるかに凌駕した世界最大級のロジスティクスカンパニーを意味することが一般的です。

その背景にあるのが、ドイツの郵便事業を独占的に行なっていたドイツポストによるDHL Internationalの買収です。２００２年、ＤＨＬを完全子会社化したドイツポストは、社名をドイツポストＤＨＬグループ（以下ではＤＨＬ）に変更しました。

ＤＨＬは、ＥＣ（Electronic Commerce）の急成長に支えられているPost-eCommerce-Parcel（郵便・宅配）、Express（国際宅配便）、Global Forwarding Freight（国際貨物輸送）、Supply Chain（３ＰＬ：サードパーティロジスティクス）の４つの事業を柱に、売上高６０４億４４００万ユーロ（２０１７年決算。約7兆８６００億円〈１ユーロ＝１３０円換算〉）、ＥＢＩＴ（支払い利息や税金を引く前の利益）37億４１００万ユーロ（約４

８６３億円）を稼ぐ巨大企業です。

ちなみに、ヤマト運輸の持株会社ヤマトホールディングスの営業収益（売上高に相当）は１兆５３８８億円（２０１８年３月期）、営業利益は３５６億円ですから、その巨大さはご理解いただけるでしょう。


現在のＤＨＬの前身にあたるドイツポストは、１９９５年に国営企業のドイツ連邦郵便の郵便・電信電話・金融の３事業が分割民営化された際に、そのうちの郵便事業を引き継いで生まれた会社です。その会社が、どのようにして現在のような世界的な規模を誇る物流企業にまでなったのか、ここではまずその歴史を振り返ってみたいと思います。

日本での郵政民営化への動きは、小泉政権の強力なリーダーシップで始まりましたが、ドイツでは一足早く１９８９年の第１次郵便改革により郵便事業の公社化が実施されました。当時の東ドイツ政府が「事実上の旅行自由化」を許可し、ベルリンの壁が崩壊したのは、この年の11月９日のことでした。そして１９９５年に、第２次郵便改革として郵便事業が株式会社（ドイツポスト株式会社）化されます。

１９９７年には、欧州の経済統合をめざして92年に生まれたＥＵにより、「加盟国は２

０１０年末までに郵便の自由化を実施する」というＥＵ指令が示されました。「ＥＵ域内では郵便事業は自由競争にしましょう」ということです。そしてその翌年（１９９８年）、ほかのＥＵ加盟国に先んじるかたちで、ドイツでは郵便事業への新規参入を認め、完全な自由競争にする第３次郵便改革を実施しました。

こうした国家的な施策により、ドイツポストは、わずか10年の間に、国の独占事業から、民営化、さらには完全自由競争へという、急激な事業環境の変化（＝ドイツポストとしては経営環境の悪化）に見舞われたわけですが、その対抗策として物流事業への本格参入へと経営の舵を切ることで、成長・拡大への道を切り拓くことができました。

この、いわば「親方日の丸（ドイツポストはドイツ企業なので、日の丸とは言えませんが）の国営事業」から「完全自由競争の中で成長・拡大する強い会社」への転身を軌道に乗せたのが、民営化、および民営化以降の指揮を任されたクラウス・ツムヴィンケル氏です。世界的な経営コンサルティング会社マッキンゼー出身のツムヴィンケル氏は、この難題をクリアするための具体的な手法として、物流企業の買収戦略を積極的に推し進めました。

当時のドイツポストによる企業買収の本格的なスタートは１９９８年からです。

この年、DHL International（以下、旧ＤＨＬ）の株式を23％取得したのをはじめ（２００２年に完全子会社化）、フランスの宅配会社Ducros、米国の国際郵便配送会社Global mailを買収。翌１９９９年には世界第３位（当時）の物流企業だったスイスのDanzas、２００３年には米国第３位の国際宅配会社Airborne Express、さらに２００５年には当時世界最大の３ＰＬ企業だった英国のEXELと、相次いで大型の企業買収を行なっていきました。

■ドイツポストと日本郵政。大型買収の成否を分けたものとは？

ドイツポストが実施した大型買収の中で、やはり目を引くのは旧ＤＨＬの買収だと思います。

ところで、このＤＨＬはどんな言葉の略なのかご存じでしょうか。

かくいう私も、最近まで、ＤＨＬの人に聞くまで知りませんでした。

DHLの略は、DHLの創業者Dalsey、Hillblom、Lynnという3人の頭文字です。彼らが「米国本土からハワイへ船便で荷物を送るのに、荷物がハワイに到着するよりも先に飛行機でハワイに渡り、書類による通関処理を済ませておけば、荷受人のもとに早く届けられる」ということをヒントに、1969年に米国サンフランシスコで創業したのが始まりです。

1998年に旧DHLの株式の23%を取得したドイツポストですが、すでに世界中にネットワークを構築していた同社を、どうしても手に入れたかったのでしょう。2000年から完全子会社化を目的とした交渉を開始します。そして2002年7月、ルフトハンザ航空から25%を取得、株式保有の割合を75%にまで高めます。さらに同年12月には、念願の100%子会社化を実現させました。

ちなみに最後に、ドイツポストに株式を売却したのは日本航空（JAL）でした。最終的な買収金額は24億ユーロ（1ユーロ＝130円とすると、約3100億円）だったと言われています。

旧DHLは2000年7月当時、世界中で7万1000人以上の従業員を抱え、220ヵ国以上のネットワークを保有していました。

元国営企業による大型買収といえば、日本でも、２０１５年の日本郵政子会社・日本郵便による豪州物流大手のトール・ホールディングス（以下、トール社）の買収がありま す。

買収金額は約６２００億円で、日本企業が関わった２０１５年のM&A案件で上位３番目に入る規模でした。ところが日本郵政は、２０１７年３月期決算で同社への投資に関し４０００億円という巨額の減損を計上してしまいました。

ドイツポストのＤＨＬ買収の成功と、日本郵政のトール社買収の失敗。この対照的な結果には、買収にかけられた時間が大きく影響していると思います。

先述したように、ドイツポストは１９９８年に旧ＤＨＬへの資本参加というかたちで23％の株式を取得し、その2年後に１００％子会社化の交渉を旧ＤＨＬとスタートさせ、主要株主の株式を少しずつ取得していきました。最終的には4年間という時間を要していま す。

それに対し、日本郵政の買収は拙速だったと言われます。同社は２０１５年11月に株式上場を果たしますが、そこで調達した資金をもとに投資家にわかりやすい成長戦略を示す必要があったのでしょう。その目玉といえるのがトール社買収でした。この買収決定までにかけられた時間はかなり短かったと言われ、しかもドイツポストが旧DHL買収に要した2倍以上の金額を一気に投資に向けてしまいました。

欧米企業のM&Aは総じて段階を経て行ないますが、日本企業の場合、東芝、リコー、NTTなどの海外企業の買収で失敗と評される案件の過程を見ると、短期間のうちに一気に買収を決めてしまうことが多いようです。この用意周到さの違いが、その後の成果につながっているのだと思います。

■「4つの事業」の売上げはいずれも2兆円前後

さて、旧DHLという世界的な物流ネットワーク企業を完全子会社化し、ドイツポストからドイツポストDHLグループへと、子会社のブランドを付け、世界に通じる社名を改めた同社の業績は、その後、どうなったのでしょう。

2008年に初の赤字転落という事態に陥りましたが、その経営危機を乗り越えた後は右肩上がりの成長を続けています。

例えば２０１０年の売上高は５１３億８８００万ユーロでしたが、２０１７年には６０４億４４００万ユーロと、この間に約90億ユーロ（約1兆２０００億円）も増加させています。また同期間内の利益（ＥＢＩＴ）については、売上げ以上のペースで拡大しています。２０１０年の約18億ユーロに対し、２０１７年は約37億ユーロと、実に2倍以上の規模になりました。

次に、現在のＤＨＬの４つの事業について見ていきます。

４つの事業とは、本章の冒頭でも記していますが、ＥＣの物流サービスであるPost-eCommerce-Parcel（以下ＰｅＰ）、Express、Global Forwarding Freight（以下Forwarding）、Supply Chain（以下３ＰＬ）で、いずれの事業においても、かなりの市場シェアを有しています。

まずＰｅＰは、ドイツ国内の郵便で61％、宅配で45％のシェアをもっています。宅配シェア45％というのはヤマト運輸の日本国内シェアとほぼ同じレベルです。

２２０以上の国・地域で展開しているExpressは世界シェア34％。ヨーロッパ、中東、アフリカ、アジアではナンバーワン、ＦｅｄＥｘがダントツのシェアを誇る米国でもナンバースリーの座にあります。１５０以上の国・地域でサービス提供するForwardingは航空貨物がナンバーワン、海運はナンバーツー。

50以上の国・地域で請け負う3PLの世界でもナンバーワンです。2017年のデータでは、DHLのシェアは7・6%。第2位が2・4%（米国XPO Logistics）ですから、その差は大きいと言えるでしょう。

余談ですが、同じ日本人としてちょっとうれしいのが、3PLの世界シェア第4位に日立物流がランクされていることです。日本国内ではこれまで以上の事業拡大が厳しくなってきていますから、グローバルでの展開を積極的に進めているのでしょう。

2017年決算での、4事業それぞれの売上高は、PePが約181億ユーロ（構成比29・4%、約2兆3500億円）、Expressが約150億ユーロ（同24・3%、約1兆9500億円）、Forwardingが約144億ユーロ（同23・4%、約1兆8700億円）、3PLが約141億ユーロ（同22・9%、約1兆8300億円）と、バランスよくそれぞれの事業が日本円で2兆円前後を稼いでいます。

ただ2010年からの推移を見てみると、PePが2010年から2017年の間に約50億ユーロ、Expressが約40億ユーロ増やしているのに対し、Forwarding、3PLは横ばいか、やや増にとどまっているという違いが表われています。

■ドイツポストDHLグループの4つの事業

	Post-eCommerce-Parcel	Express	Global Forwarding Freight	Supply Chain
売上(2017年)	18,168	15,049	14,482	14,152
利益(2017年)	1,502	1,736	297	555
シェア	ドイツで郵便61% ドイツで宅配45%	世界シェア34% ヨーロッパ、中東、アフリカ、アジアNo.1 アメリカNo.3	航空No.1 海運No.2	世界No.1 (7.6%)
地域	ドイツ、ヨーロッパ、北アメリカ、チリ、アジア・パシフィック	220以上の国・地域	150以上の国・地域	50以上の国・地域

※売上、利益の数値の単位は、百万ユーロ

■4つの事業の売上推移(2010〜2017年)

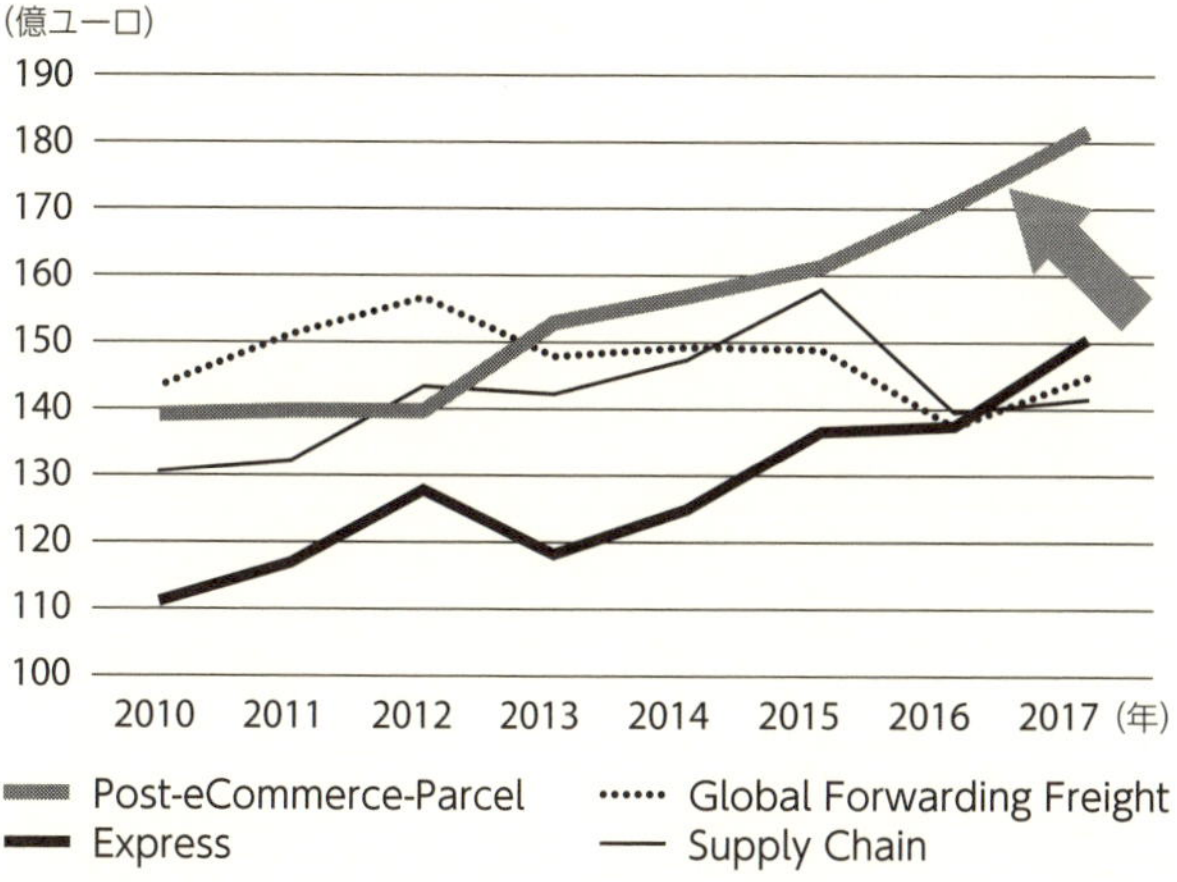

次に利益について見てみましょう。

PePが約15億ユーロ、Expressが約17億ユーロであるのに対し、Forwardingは約3億ユーロ、3PLは約5億ユーロという開きがあります。

売上げでほぼ3割を占めるPePが3分の1以上の利益を稼いでいますが、その上を行くのがExpressで、売上構成比は4分の1程度ですが利益で見たときには4割以上を稼ぎ出しています。このExpressの収益性の高さについては、同社では航空機を250機所有しており他社に貸し出すサービスを行なっているため、収益をあげやすい構造になっていると考えられます。

■郵便窓口の総数をピーク時の半分以下に削減

2018年3月、私はドイツのボン本社近くにあるDHLイノベーションセンターを訪ねました。

DHLは、ウェアラブル端末を使った作業の効率化、小型無人飛行機ドローンによる配送、ロボットによるピッキング、ゼロエミッションを実現する配送車の開発など、物流分

DHLイノベーションセンター（ドイツ・ボン近郊）

野へのテクノロジー投資を積極的に進めている会社ですから、それらを自分の目で確かめたいということと、世界的に急拡大しているＥＣ物流について、世界ナンバーワン企業はどのように考えているのかを聞いてみたかったからです。

ここから先は、ＤＨＬの郵便・宅配サービスであるＰｅＰ事業（Post-eCommerce-Parcel）を中心に解説していきたいと思います。

まず、Post eCommerce Parcelという事業名称についてです。ごく普通に考えれば、「eCommerce(EC) Post(郵便)&Parcel(宅配)」とするのがわかりやすいと思うのですが、なぜ「Post eCommerce Parcel」と呼んでいるのでしょうか。

ＤＨＬイノベーションセンターで、私のインタビューに応対してくれたFlorianに聞いてみました。

Florianが言うには「eCommerceは、PostからParcelへの接着剤だから」ということでした。急成長を続けるＥＣへ対応していくことがParcelの拡大につながる、ということでしょうか。

そこであらためて彼のポジションを尋ねると、ＤＨＬのヨーロッパ以外のＰｅＰ事業を管轄するポジションにあるということで、今回の私の訪問にはうってつけの人物を対談相手に選んでくれていたということもわかりました。

ＤＨＬが事業戦略としてＰｅＰを全面に打ち出してきたのは、２０１４年に公表された中期経営戦略「Strategy 2020」あたりからです。

この中には「Focus. Connect. Grow.」が成長のための合言葉として掲げられ、さらに、ＥＣが最強の成長ドライバーであり（E-COMMERCE IS THE STRONGEST GROWTH DRIVER.）、売上げの30％を新興国市場から確保する（30% revenue from emerging market）といったことが明記されています。

では、ＰｅＰ事業の具体的な中身について見ていきましょう。

ＰｅＰ事業の２０１７年決算での売上高は、先に示したように１８１億６８００万ユーロあり、前年比６・４％増となりました。そのうちPostは97億３６００万ユーロ（５００万ユーロの減少）、eCommerce Parcelが84億３２００万ユーロ（15％増）でした。

Postの売上げは前年からわずかに数字を落としていますが、シェアでは逆に61・３％から61・７％にアップしており、競争力が低下したわけではありません。１９９１年に約２万５０００店舗あった直営の郵便局の業務をコンビニなど他の事業者への業務委託に切り替えながら（日本でも切手販売等郵便業務の一部についてはコンビニなどに委託するケースも増えています）、郵便窓口の総数を年々減少させ、２０１３年には窓口をピークから半分以下にし、１００％近い委託比率にもっていくなど、運営コストの引き下げを図っています。また国内82ヵ所にほぼ自動での仕分けが可能な配送基地（Mail Sorting Center）が稼働中で、作業の効率化も進めています。そうした積極的な取り組みもあって、売上げは少しずつ落としながらも、利益率10％レベルを安定的に持続しています。

Post事業の売上げ構成は、いわゆる郵便（Mail Communication）が３分の２（66％）、カタログ（Dialogue Marketing）が約４分の１（24％）、残り（10％）をその他が占めています。ここで興味深い変化として、デジタルとリアルをつなぐカタログの構成比が少しずつですが伸びているそうで、このことからも、世の中のオムニチャネルへの対応が着実に進んでいることがわかります。

■自宅玄関先だけでなく、多様な場所・方法での受け取りを可能に

次にeCommerce Parcelについて、です。

ドイツ国内のParcel市場は108億ユーロ（2017年、約1兆4000億円）あり、そのうち45・4％をDHLが占めていると言われています。34の自動仕分けセンター（Parcel Sorting Center）があり、75ヵ所に機械化配達拠点（Mechanized delivery base）を設け、8割以上を翌営業日配送（84％）で届けています。また荷主別の構成では、B2X（B2B、B2Cなど）が90％、C2X（フリマアプリのようなC2Cなど）が10％となっています。

34ある自動仕分けセンターでは400以上の仕分けレーンを設置でき、1時間当たり5万個を仕分けることが可能です。配送センターの動画を見ていて気になったのが、配送コ

ンテナからコンベアに荷物を流す作業が思っていた以上にダイナミックに行なわれていたことです。日本でのていねいできめ細やかな荷物移動を見慣れているだけに、大ざっぱなものに見えてしまいました。ただ、米国のＦｅｄＥｘやＵＰＳの荷扱いも日本と比べて雑ですから、日本が特別（異常）なんでしょうね。

ドイツ国内では、Ｂ２ＢとＢ２Ｃとで、Parcel市場の様相が異なります。

いずれもシェアトップはＤＨＬですが、Ｂ２Ｂ市場の第２位はＵＰＳ、Ｂ２Ｃ市場では欧州ナンバーツーの宅配会社ｄｐｄ（ドイツ）が第２位、第3位がHermesとなっています。

このHermesは、実は、Ｂ２Ｃ通販会社世界第2位のドイツ・オットーグループが所有する宅配事業者で、もともとは自社グループの配送を専門にしてきましたが、他社向けにも配送サービスを開放するようになり、市場でのシェアを広げています。自社配送で宅配ノウハウを蓄積した事業者が、Hermesのように、宅配市場の新勢力として参入してくるという動きは、今後、日本でも出てくるかもしれません。

例えばアマゾンは日本国内において、スピード配送の「プライムナウ」や生鮮スーパーの「アマゾンフレッシュ」で、すでに自社配送による実績を積んでいます。

日本では一昨年（2016年）以来、宅配便の再配達問題が広く取り上げられ、宅配以外でのEC荷物の配送（宅配ロッカーの活用など）が関心を集めています。ドイツではそもそも再配達というサービスがありませんから、日本のように再配達問題は起こりません。

ただ、合理性を極めて重視する国民性ということもあり、自宅玄関先以外でも荷物の受け取りに便利な方法があれば、それらを積極的に利用する傾向があります。DHLでもそうした動きに対応するため、多様な受け取り方法、受け取り場所を提供しています。

まず「Paketshop（パケットショップ）」があります。これは街中にある文具店やみやげものショップ、コンビニエンスストアなどが受け取り場所を提供するというもので、DHL以外の荷物の受け取り場所を兼ねていることもあります。2017年時点で約1万1000のパケットショップがありました。

次にDHL専用の受け取りスペースであるRetail outlet。有人対応の受け取り窓口の代わりに、施設内には受け取りボックスがいくつも設置されています。約1万3000の拠点（2017年時点）があります。

　Packstationは、日本でもヤマト運輸や日本郵便が設置している宅配ロッカーと同様のものです。ヤマトの宅配ロッカー（約３４００ヵ所）よりも少ない約３２００ヵ所での設置ですが、まだまだ利用率の低い日本と比べて圧倒的に利用されているようです。

　現在、ドイツ国内に設置されているPackstationで最大のものは、横幅が35mもあり、６０２個の荷物を収納するスペースがあるといいます。おそらくスマホアプリでどの場所に荷物があるかを知らせてくれるのでしょうが、こんなに大きなスペースで自分の荷物がどこにあるのか探すのに困らないのだろうかと思いつつ、これだけの規模のものが設置されるということは、利用者のニーズもそれだけ強いということでしょう。

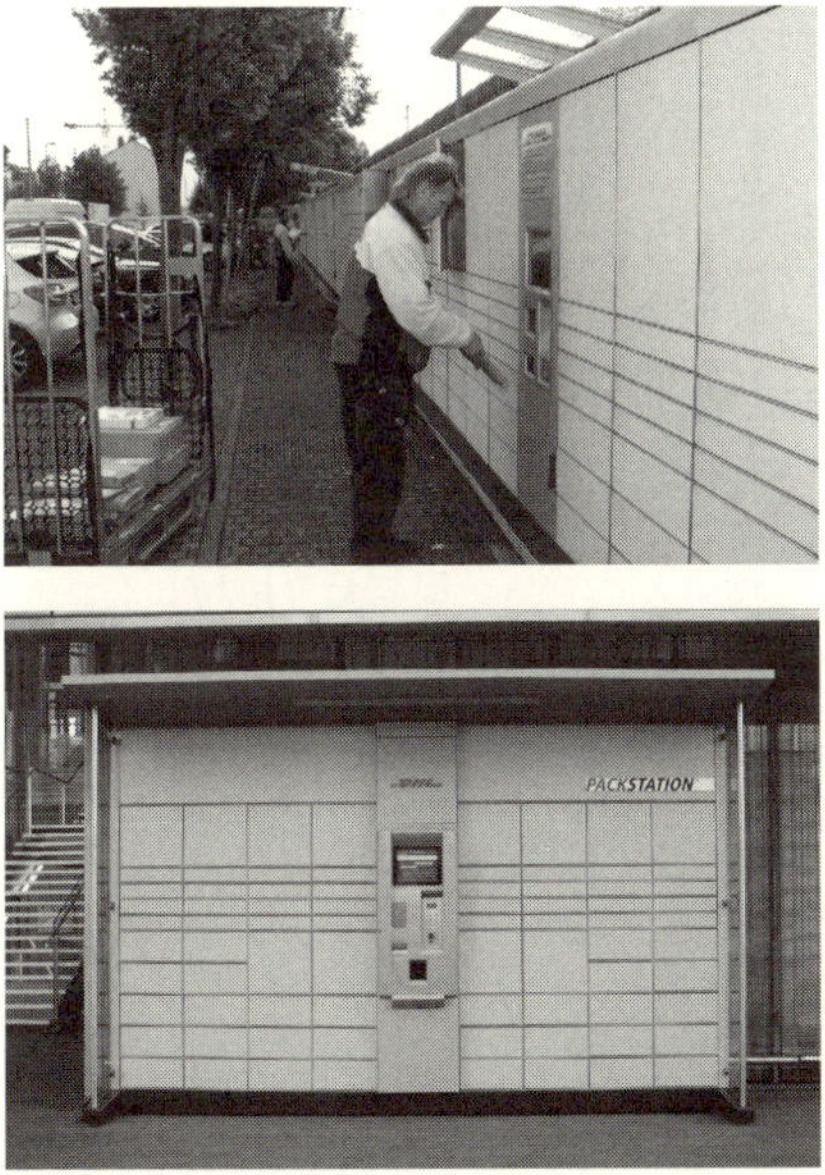

DHLの「Packstation」

実際に設置してあるPackstationを見てあらためて気づいたことがありました。それは「ドイツ人は力持ちなんだな」ということです。

Packstationでは、大きな荷物を出し入れできるスペースが上段にあり、小さなスペースが下段に集中しています。日本で見かけるコインロッカーは、重量のあるスーツケースやキャリーバッグが入る大きなスペースは荷物を持ち上げなくてもすむ低い位置に設けられていますが、Packstationはその反対です。それでいてクレーム等が出ていないのでしょうから、ドイツ人にとっては現在の形状が合理的なのでしょう。

それから、DHLでは、最近日本でも新築戸建て住宅の玄関先でようやく見かけるようになった宅配ボックスタイプのPaketboxを2011年から販売、またはレンタルで提供しています。DHLの荷物しか受け取れないことからまだ800程度しか設置されていないようですが、今後DHLが取り扱い荷物を増やしていこうという戦略があるのであれば、それを見越したゆるやかな顧客の囲い込みということでしょうか。

■急増するネット通販に対応するための3つの取り組み

ＤＨＬでは急成長を続けるeCommerceへの対応として、３つの取り組みをスタートさせています。

１つ目が一定エリア内での配送荷物を増やすという「密度増」。ある顧客（あるいは同じ場所）に対して、一度に１個の荷物を届けるより、２個、３個にできれば、それだけ配達の密度が上がり、配送効率のアップにもつながります。

２０１７年現在で、Ｂ２Ｃ市場でのＤＨＬの荷物の受け取りポイントは約２万８０００ヵ所あります（Packstation、Parcelshop、Paketbox、Retail Outletを含む）。それに対してHermesは１万４０００、ｄｐｄは６０００、ＵＰＳは３１００にとどまっており、２位以下の３社を合計しても２万３０００ほどにしかなりません。ＤＨＬからすれば、専用受け取りポイントでの受け取りが増えるということは、個々の家庭の玄関先まで届ける件数を減らすことができ、かつ、例えば受け取り場所がドイツ国内最大のPackstationであれば、そこには６０２個までほぼ同時に届けることができるわけですから、圧倒的な配達の「密度増」を実現することができます。

２つ目が「自動化促進」です。同社は２０１０年から２０１６年の間に、配送センターの処理能力を大幅にアップさせました。

２０１０年段階で33ヵ所に設置していた自動仕分けセンターは、２０１６年時点では計34ヵ所。わずか１ヵ所増えただけですが、個々のセンターの処理能力が格段に向上しています。

２０１０年の自動仕分けセンター１ヵ所当たりの平均的な仕分け処理能力は、１時間当たり２万個で、１日換算で２６０万個の出荷が可能でした。それが２０１６年になると、１時間当たりの処理能力は最大規模のフランクフルトセンターの場合５万個以上、ニュルンベルクセンターで４万個、３万２０００個レベルが23センター、残りの９センターについても２万８０００個と、平均レベルが底上げされました。１日換算の出荷能力も４３０万個と大幅にアップしています。また２０１６年には13億個を配送していますが、その50％は自動仕分けされ、全体の約９割を翌日配送で対応したそうです。

配送センター全体での１時間当たりの処理能力も、２０１０年の64万個から、２０１６年には１０９万５０００個へ、約71％も増加しました。

そして３つ目が「BigB増」です。集荷１ヵ所当たりの取り扱い個数の多いところ（＝

大手通販事業者や３ＰＬ事業者）を積極的に顧客として取り込んでいくという考えです。

これら３つの対応を見ていくと、ＤＨＬが本気でＥＣに対応しようとしていることがわかります。また、そのくらいの気持ちで取り組んでいかなければ、「Strategy 2020」で掲げている目標の達成は難しいということなのかもしれません。

翻って日本の状況を見てみると、宅配大手は、日々、加速度的に増えていくＥＣ物流に対応するというより、アマゾンを始め、多くのＥＣ事業者や３ＰＬからの受託に腰が引けぎみです。本来であれば、ＤＨＬのようにBigBに対応するために、宅配インフラを整備し、機能させる必要があります。

ヤマト運輸であれば、ゲートウェイ構想というインフラ整備があります。私はゲートウェイ構想にとても期待しており、この完成には、宅配の出口である「お届け」の流れを良くする必要があります。クロネコメンバーズやウケトルなどのサードパーティーアプリ、宅配ロッカーの整備と利用率の向上により、配荷がスムーズになれば、宅急便ネットワークのキャパシティは大きくなり、大きな成長をすることができるでしょう。

■電気自動車開発の企業を買収し、環境にやさしい配達車を自社で開発

ＤＨＬはテクノロジーへの投資に積極的です。つねに最新のロジスティクス・ソリューションを追求しています。そうした姿勢のプレゼンスを対外的に高める意味もあり、ＤＨＬイノベーションセンターをドイツのボン本社近くと、シンガポールに設立しています。同社が現在取り組んでいるイノベーションについて、今回の訪問で見聞きした事例からご紹介したいと思います。

まずは無人小型飛行機ドローンによる配送システムです。ＤＨＬが初めてドローンによる配送テストを行なったのは２０１４年のことでした。そのときは、自動車の乗り入れが禁止されている島嶼《とうしょ》部まで飛行して薬を届けるというミッションで、１回の飛行で最大１・２kgの荷物を運ぶことができたといいます。その後、ドローンはたびたび改良され、最新のParcelcopterは第3世代と呼ばれるものに進化しています。

２０１６年にParcelcopter3.0で行なった実地テストは、標高１２００ｍの山岳地帯での

ドローンで配達する「Parcelcopter3.0」

3ヵ月にわたる配達で、「ドローン用の自動宅配ステーション」として開発されたスカイポートを8㎞離れた離発着拠点それぞれに設置し、130回の配送が行なわれました。

スカイポートで荷物を装着すると、配送システムが起動し、ドローンが離陸、8㎞離れた他のスカイポートへと向かうという仕組みで、険しい山道のため車では30分かかる場所へ、Parcelcopter3.0では8分以内に荷物を届けることができたそうです。

次なるイノベーションはPostBOTです。

配送荷物を積んだ台車のようなロボット、PostBOTが配達員のすぐ後ろをついていくというもので、配達員は手ぶらで配達先まで移動するとPostBOTに格納された荷物を取り出し、手渡すだ

DHLの生産するEVトラック

新たに開発した人力の配達車「Cubicycle」

けで配達を完了することが可能になります。重い荷物を運ぶ労力が軽減されるため、体力的に劣る女性やシニア層でも、配達員としての仕事をこなせるようになります。ただし、現状では、段差のある路面でのPostBOTの走行は難しく、現実のものとなるまでには、まだ時間がかかりそうです。

一方、ＤＨＬが本社を構えるドイツはＥＵの中でも環境対策に積極的に取り組んでおり、温室効果ガスの排出量を２０２０年までに１９９０年比で40％削減する目標を掲げています。そんななかでＤＨＬが本格的に開発を目指しているのが、「Zero Emission（ＣＯ

$_2$排出ゼロ)」の配達車です。その本気度は、電気自動車開発のStreetScooter社を買収してしまったことからもわかります。現在、年間1万５０００台規模の量産体制にあり、配達車として路上走行を開始しています。ＤＨＬ自らが使用していくのはもちろん、他社への販売も検討しているそうです。

電気自動車以上に環境にやさしい配達車の開発も進めています。荷台を載せて人力で前乗り走行するCubicycleです。

また指定の車を荷物の受け取り場所にする「In car Delivery」にもチャレンジしています。スマホアプリと電気自動車のsmartを連動させ、駐車中の車を宅配ボックス代わりに活用するというもので、社内的には「ready to drop」と呼んでいます。現在はドイツ国内での試みですが、今後は海外でのトライアルも視野に入れています。ちなみに同じような取り組みが、AudiやVolvoでも進められ、米国ではアマゾンが本格的に取り組むと言われています。

■成長著しい東南アジア市場での展開エリアを拡大

これまではドイツ国内のＰｅＰ事業を中心に見てきましたが、ここからは少し視点を広げて海外でのＰｅＰ事業についても見ていきます。

最初はヨーロッパでのＰｅＰ事業についてです。展開エリア別に売上げ規模を見ていくと、２０１７年決算ベースで、ドイツが50億２２００万ユーロ（前年比４・３％増）、ドイツを除くヨーロッパが18億８２００万ユーロ（同65・４％増）、ヨーロッパおよびロシア以外が15億２８００万ユーロ（同10・３％増）となっています。

このように、特にヨーロッパの売上げの伸びが急激です。これは２０１６年にイギリスの会社をＭ＆Ａしたことが大きな要因ですが、２０１６年から２０１７年にかけて一気に展開エリアを拡大したことも大きいと思います。ＤＨＬとして直接参入できないエリアでも、現地企業とのパートナーシップ契約という手法を通じてどんどん入り込んでいきました。

その広がりを具体的に見ていくと、２０１６年段階では、スウェーデン、オランダ、ベルギー、ルクセンブルク、ポーランド、チェコ、スロヴァキア、オーストリアが、ドイツ以外での展開エリアでしたが、２０１７年になると、イギリス、スペイン、ポルトガルが加わり、パートナー契約により、ノルウェー、フィンランド、デンマーク、エストニア、ラトビア、リトアニア、ハンガリー、クロアチアでの宅配も可能になりました。

一方、ヨーロッパ以外の地域でのＰｅＰ事業の展開に関しては、あまり積極的ではありませんでした。しかし、「Strategy 2020」に掲げる目標達成のため、２０１８年より他地域でのＰｅＰ事業を本格化させています。

まずアメリカです。

国土の広い米国ではベース基地の役割を果たすハブ空港をどこに設けるかで、効率的な配送ができるかどうかが決まってきます。基本的には人口重心（人口分布から見た中心）に拠点を設置することになるのですが、西海岸の人口増に伴い、人口重心も年々、少しずつ西側へ移動しています。

現在、ＤＨＬのハブ空港はシンシナティ近くのノーザンケンタッキー国際空港にあり、所有する62機をフルに活用してExpress事業（国際宅配）を展開しています。実は、アマゾンのPrimeAirサービス（国内航空便を利用したスピード配送）も同空港をハブ空港として利用しており、DHLは空港施設の一部をアマゾンに貸し出しています。ちなみに他の主要宅配事業者では、FedExがメンフィス、UPSがルイビルにハブ空港を置いていて、3社とも、中西部にハブ空港を置いています。

PePとしては、USPSのインフラを活用するネットワークを組んで販売するだけでなく、短期間で配達するインスタントデリバリーをロサンゼルスで開始しました。UPS、FedExともに本格参入していない配送サービスに参入したのです。

次にPeP SEA（東南アジア）です。

先述したように、「Strategy 2020」では新興国からグループ売上げの30%を確保するという目標が掲げられています。成長著しい東南アジアでDHLは、タイを皮切りに、マレーシア、ベトナムへと展開エリアを広げています。

さて、DHLは、PeP事業の第二の拠点として、米国と東南アジアのどちらに注力していくでしょうか。

その答えは明らかです。せいぜい2%程度の経済成長しか見込めない米国と、例えばタイのように成長が少し鈍ったとしても10％の経済成長が期待できるエリアとで、どちらが大きな成長をもたらしてくれるか、そう考えれば選択肢は東南アジアしかありません。しかも、中期計画で「新興国で売上げ３割」という明確な数値目標を掲げているぐらいですから、がんがん積極的に入っていくことでしょう。

ＤＨＬにはアントレプレナーとしてのＤＮＡが深く刻み込まれています。私が経営するイー・ロジットでは、タイにジョイントベンチャーで創業したSHIPPOP、投資をしたSiam OutletがありますがＤＨＬからの営業が来ているという話をよく聞き、彼らの積極的な展開の力強さを感じています。

■ＤＨＬはアマゾンを特別視しない

ところで、ここであらためて言うまでもないことですが、ＥＣの巨人、アマゾンの存在は年々その大きさを増してきています。世界的に有名なコンサルティング会社、デロイトトーマツでは毎年、「世界の小売業ランキング（Global Powers of Retailing）」を発表していますが、２００１年度に１５７位だったアマゾンの順位は２０１６年度には６位まで駆け上がり、来年度にはトップ３の座をとらえるのではないか、という見方もされています。

ＤＨＬは「Strategy 2020」内で「E-COMMERCE IS THE STRONGEST GROWTH DRIVER.」と掲げるように、ＥＣ対応をさらに進めていくことを明らかにしています。日本の国内市場とグローバル市場。そもそも戦う舞台のスケールが異なるとはいえ、日本の宅配事業者にとって、ＤＨＬのＥＣ対応の３つの取り組み「密度増」「自動化促進」「BigB増」は成長のヒントになるでしょう。また、宅配がスムーズに流せるよう、アプリ、ロッカーによる配荷の効率化が重点施策になるでしょう。

なぜ、ＤＨＬを取り上げたかというと、年間30日以上米国、10日以上東南アジアで仕事をしていて、ＤＨＬの存在感が日々高まっているのを肌で感じたからです。その成長戦略に興味を持ち、ドイツまで行って、話を聞いてきました。話を聞くと、その戦略に感心するのと同時に、成長力の源が戦略にあると感じました。日本の宅配事業者にとってＤＨＬの宅配は縁遠いものですが、ＤＨＬのやり方は参考になるでしょう。今後とも、注目すべき会社の１つであることは間違いありません。

第6章

オムニチャネルと物流戦略

■「EC注文＝宅配便」はすでに過去の話

この20年ほどの間に買い物環境が大きく変わりました。そのドライブエンジンとなったのは、20世紀末から21世紀初めにかけて一大ブームとなった「インターネット革命」と、ここ数年で世界的な規模で広がりつつある「IoT（モノのインターネット）革命」です。

インターネット革命は、インターネットの黎明《れいめい》期から孫正義氏（ソフトバンクグループ会長）が好んでよく使っていた言葉ですが、まさに革命でした。その結果、EC（ネット通販）市場は16兆円を超える規模にまで成長しています（B2C全体＝物販系、サービス系、デジタル系の合計）。

アマゾンが日本上陸を果たしたのは2000年のことです。1995年にWindows95が発売されてから日本でも徐々にインターネットが普及し始め、1996年に私は当時在籍していた船井総合研究所でインターネット通販セミナーを開催し、1997年には楽天市場が開業しました。そして、ＩＴバブルによって景気が上向きかけたときに、アマゾンが「本のネット通販」として日本に上陸してきたのです。その１年前の１９９９年、当時の通産省（現在の経済産業省）は電子商取引の市場規模の調査を実施し、初めて通産省として公式の市場規模予測を発表しました（以降、「電子商取引に関する市場調査」として、毎年公表されています）。

その後の電子商取引市場（ＥＣ市場）は、みなさんがご存じのように成長につぐ成長を続け、「平成29年度　電子商取引に関する市場調査」では、Ｂ２Ｃ全体の市場規模は16兆５０５４億円（前年比９・１％増）となりました。２００７年が5兆３０００億円、２０１０年が７兆７８００億円でしたから、10年で約３倍、７年で約２倍の規模に拡大したことになります。

さらに、今も年率2ケタ近い成長を続けているうえ、ネットスーパー「アマゾンフレッシュ」（２０１７年４月）や買い物代行の「honestbee」の日本でのサービスが開始されました。今後、生鮮食品のＥＣも伸びていくことが予想されますから、まだまだＥＣ市場の拡大が見込まれています。

一方、スマートフォンに象徴されるＩｏＴ革命は、いつでも、どこでも、誰でも簡単にインターネットとつながる環境を作り出し、それによって、インターネットを利用した買い物スタイルにも大きな変化が起こっています。

今やインターネット上にさまざまな情報があふれている時代ですから、いつどこにいても、移動中でも、家にいるときでも、あるいは仕事の合間でも、最新の商品情報や価格をチェックでき、現在地から最寄りにある店舗、在庫の有無などもリアルタイムにわかります。ＳＮＳを介して友人や信頼している人からの声、おすすめを聞くこともでき、実際に買い物をするのは、リアル店舗だったり、スマホ経由のＥＣだったり、電話注文だったり、そのときの気分や場所、時間帯によって、使い分ける人が増えています。

また、リアル店舗で商品を確認し店内からＥＣで注文したり、自宅でパソコンから注文しリアル店舗や近所のコンビニに足を運んで商品を受け取ったりと、買い物の仕方も多様化しています。以前であれば、「ＥＣ注文＝宅配便」と決まっていましたから、ものすごい変わりようと言えるでしょう。

もちろん、現時点ではこうした消費者の買い物行動の変化に対応できている小売業者もあれば、そうでないところもあります。しかし消費行動の変化に対応できなければ、いつの時代でも、小売業としてのビジネスが厳しくなるのは明らかです。だからこそ、大手を中心として、「いつでも、どこでも、不便を感じることなく買い物ができる環境づくり」に躍起になっているのです。それがオムニチャネルへの対応です。

■物流戦略が大きく関わる

オムニチャネルとは、経済産業省の「電子商取引に関する市場調査」によれば「消費者が複数のチャネルを縦横どのように経由してもスムーズに情報を入手でき、購買へと至るための、販売事業者によるチャネル横断型の戦略やその概念、および実現のための仕組み」だと示されています。

「オムニ（omni）」というのは「すべての、あらゆる」といった意味で、私なりにオムニチャネルを簡単に整理すると、「どんな注文方法にも、どんな受け取り方法にも対応する、お客様満足度の高い商売の仕組み」です。スマホやスマートウォッチ、アマゾンエコーなどのスマートスピーカーといった新しいデバイスにも対応し、いろんなかたちで注文できます。受け取り方も、宅配で自宅に届くだけでなく、店頭で受け取ったり、購入した店舗以外の場所のコンビニや駅や宅配ロッカーなどでも受け取れ、その在庫も物流センターからだけでなく、店舗在庫が使われたりします。オムニチャネルには、物流は不可欠であり、物流戦略が大きく関わるものになります。

このオムニチャネルへの関心が一番高まったのは、実は数年前のことです。今ではその熱がだいぶ冷め、一部ではネガティブワードとしてとらえられるようにまでなってしまいました。

その原因となったとも言えるのが、セブン&アイグループの鈴木敏文前会長が推し進めようとした「オムニセブン」の停滞です。オムニセブンは2015年11月、「リアル店舗とネット通販の融合」をうたい文句に立ち上げられ、「いつでも、どこでも、誰でも商品が買え、届くようにする」というプロジェクトで、2018年度の売上高1兆円を目標に掲げていました。その当時はメディアがこぞってオムニチャネルを取り上げ、小売業の話題と言えば、オムニチャネル対応と言われたものでした。

しかし、2016年5月、プロジェクトの旗振り役である鈴木会長が退任すると、オムニセブンはめざす方向を見失い、2018年2月期にはオムニセブンに関する減損を計上することになりました。

セブン＆アイグループとしての業績は好調を持続していますから、そうした中にあっては、「オムニチャネル＝セブン＆アイグループが失敗した施策」という印象がより強くなってしまいました。

私自身は、このオムニセブンについては、１０００億円という大きな投資金額を投入して、日本でいち早くオムニチャネルに取り組んだことを、とても高く評価しています。ただ、百貨店や総合スーパーやコンビニエンスストアなど、違ったブランドを１つの傘に入れて事業をスタートしたことに対しては、違和感がありました。

いち早く始めたのですから、トライアンドエラーで軌道修正をしていけば良いのです。最近少しスピードが落ちているように感じますが、今後のスピードアップに期待しています。

■オムニチャネルに至るまでの「３つの進化」

さて、ここで時代を少しさかのぼって、買い物環境の進化を振り返ってみましょう。そうすることで、オムニチャネルへの対応が必須のものであることがよく理解できるはずです。

インターネットが普及する以前（といっても、今からほんの20年くらい前のことですが）の買い物といえば、直接、リアル店舗に買いに出かけることでした。もちろんその当時も、テレビショッピングやカタログ通販といった通信販売もありましたが、圧倒的に買い物できる機会（取り扱い商品や品質など）が限られていました。

商品の情報は店で直接聞くか、雑誌や新聞、テレビ・ラジオの広告が頼り。正確な商品情報を手に入れるのにも時間がかかりました。現在では当たり前の、商品価格の比較も、専業主婦の方が複数のスーパーのチラシ広告を並べて「特売品はどこがお得か」をざっとチェックする程度。もちろん店舗にはきっちり営業時間も休業日もありますから、「これが欲しい！」と思ったときに「すぐ購入」というわけにもいかず、そのうえ、店舗に在庫がなければ、いつ商品が手に入るのかもはっきりしないということが一般的でした。

実際のところ、それで我慢するか、納得できなければ商品を購入できなかったわけです。今から思えば、実に制約の多い時代でした。自由に買い物を楽しめる現在のオムニチャネルに対し、「シングルチャネル」と呼びます。

■マルチチャンネル

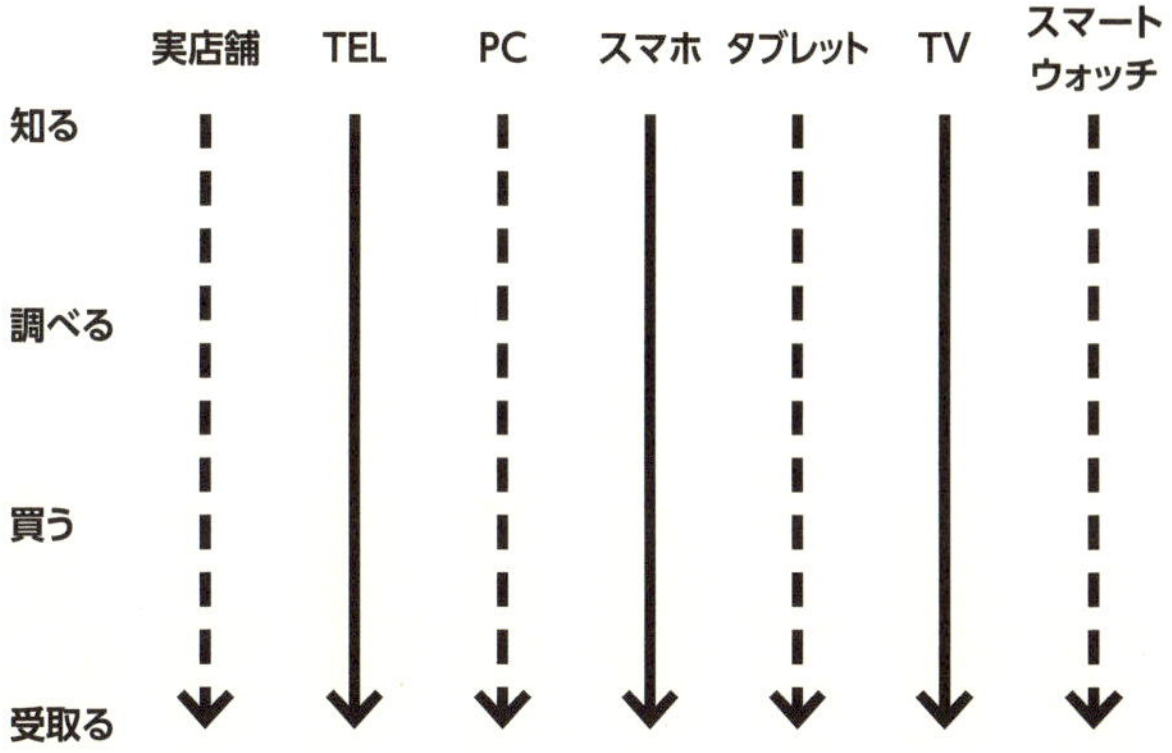

やがて2003~2004年ごろにネット通販が一般的になってくると、「リアル店舗に行くか、ネットショップにするか」という選択肢が生まれてきます。

インターネットを利用すれば、最新の商品情報を知ることもでき、店舗ごとの価格比較も簡単になりました。

さらに、IT技術の進歩によって、ネット通販のインターフェースにPCのほか、スマートフォン、タブレット型端末、インターネットに接続可能なテレビなどが加わり、電話やファックスといったアナログの注文方法に、リアル店舗を含む「マルチチャネル」と呼ばれる買い物環境が生まれました。

しかし、マルチチャネルといっても、商品の購入・注文方法が多様化しただけで、商品の受け取り方法については、店舗購入の場合は「持ち帰り」、ネット通販なら「宅配便」という決まった方法以外に、お客さん側の選択肢はありません。

シングルチャネルより便利になったことは確かですが、マルチチャネルといっても、それは商品を販売する側から見たマルチであって、お客さんからすれば、選べるお店が少し増えたという程度だったと思います。

マルチチャネルの次の進化が「クロスチャネル」です。

「知る」「調べる」「買う」「受け取る」という買い物行動に応じて、リアル店舗、電話、PC、スマートフォン、タブレット型端末、テレビ、スマートウォッチなどを使い分けられる買い物環境も整い始めました。

店舗で商品を見かけ、スマホから注文、自宅で受け取る。スマホで商品情報を確認し、リアル店舗で購入する。テレビCMで商品を見て、パソコンから注文、店舗に出かけて商品を受け取る……こうした買い物プロセスのように、チャネル間を移動することから、「クロスチャネル」と呼ばれています。

そして、クロスチャネルの次に来るのが「オムニチャネル」です。

■クロスチャンネル

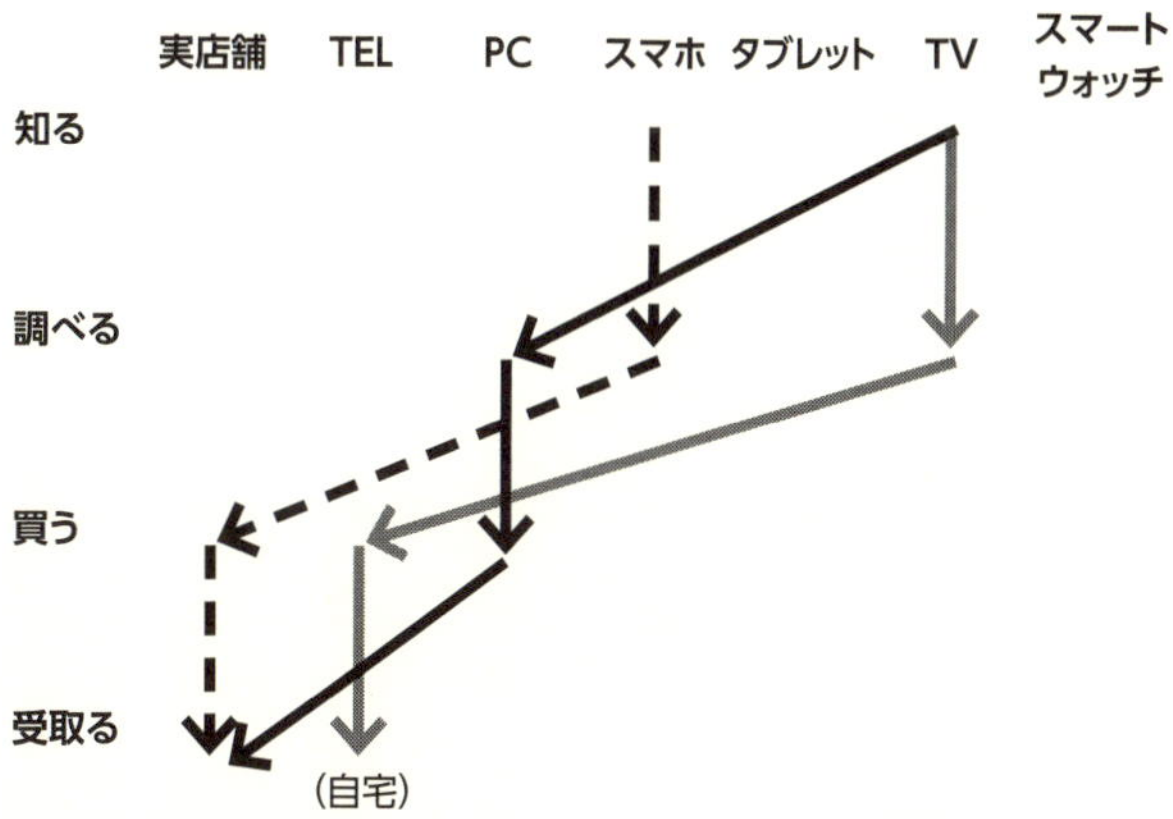

■オムニチャンネル

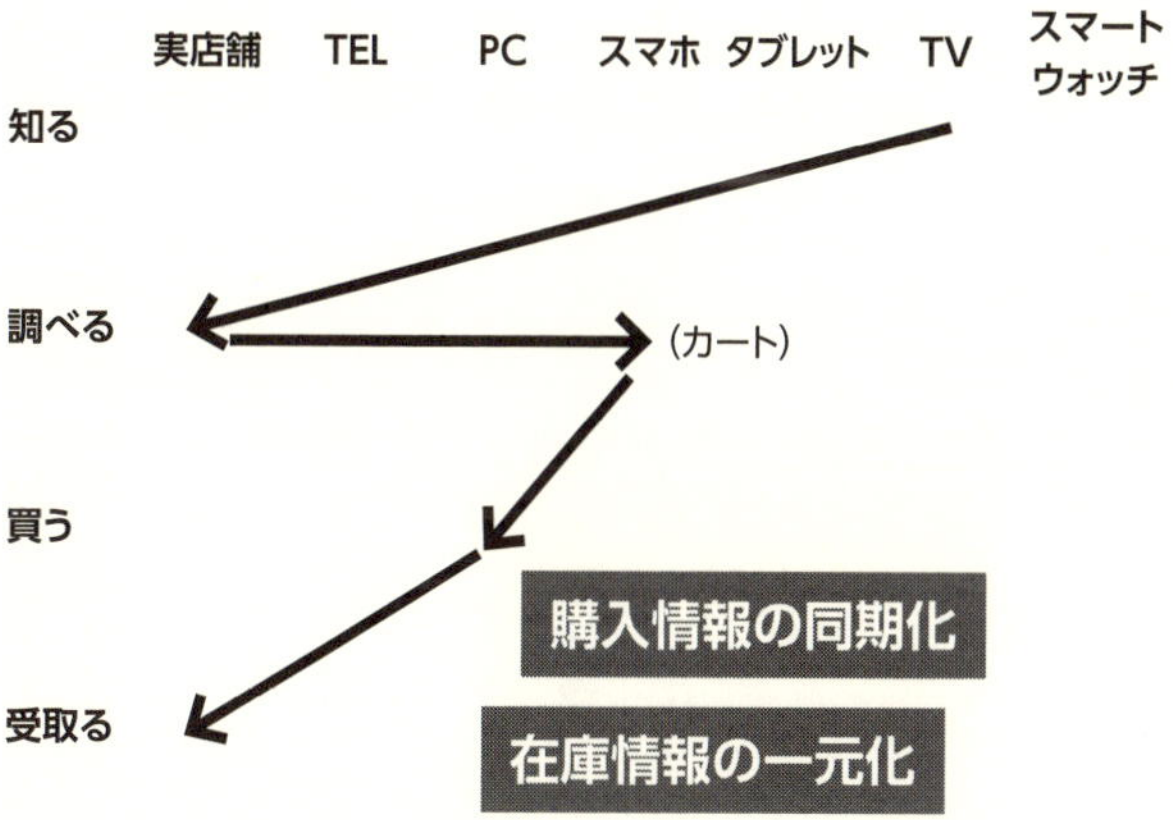

クロスチャネルでは「お客さんが意識してチャネルを使い分ける」という感覚でしたが、オムニチャネルの場合は「自由にチャネル間を行き来し、余分なストレスを感じることなく、希望するタイミング・場所で商品を受け取る」のが、当たり前のこととしてできるようになります。

テレビでも、タブレットでも、スマホでも、リアル店舗でも、在庫の確認や同じ価格での注文ができ、自宅でも職場でも、リアル店舗でも、あるいは別の便利な場所（例えば最寄りのコンビニや駅施設など）で商品を受け取ることが可能です。

こうしたことを実現するためには、どのチャネルでも商品情報が同じで、在庫情報と連動している、どこで購入しても顧客の購入履歴としてまとめられる、といったことが必要になります。

■ヨドバシカメラでの買い物はこう変わった

このオムニチャネル対応で、日本国内で先行している企業としてまず名前があがるのがヨドバシカメラです。秋葉原にある当社セミナールームの近くにヨドバシカメラの旗艦店があることから、私もよく利用するのですが、先日も、このような買い方をしました。

昼休みに立ち寄ったヨドバシカメラ秋葉原店で、気になるコーヒーメーカーをいくつか見つけました。その際に、忘れないよう、スマホにダウンロードしたアプリのショッピングカートに、バーコードリーダーを使い、入れておきました。秋葉原の自宅に戻ってパソコンでヨドバシカメラの公式通販サイト「ヨドバシ・ドット・コム」から、ほかにどんな種類があるのかを調べ、購入商品を決めました。その日のうちに手に入れたかったので、秋葉原店に在庫があるかどうかをパソコンで確認したところ、運悪く在庫切れでしたが、その日の夕方出かける予定の上野にヨドバシカメラの店舗があり、在庫も確認できたので、帰りがけに商品を受け取ることにしました。スマホ画面で購入を確認してもらい、店舗でヨドバシポイントを使って決済し、商品をもらいました。もちろんポイントもしっかりついています。

この買い物で私がしたことといえば、リアル店舗での商品の発見と、パソコンでの類似商品の探索、パソコンからの注文と受け取り場所の指定、そして商品受け取り時のスマホ画面の提示くらいです。自分の空き時間を利用してすべてを済ますことができるので、ストレスを感じることなくお気に入りのコーヒーメーカーを自宅に持ち帰ることができました。スマホとパソコンの両方を使わなかったら、今のコーヒーメーカーを買うことはなかったでしょう。

また、朝7時にヨドバシ・ドット・コムで商品を注文し、直行先に行く途中、秋葉原店での受け取りを指定したところ、30分もしないうちに商品が用意され、8時30分に商品を受け取ったということもありました。


海外では、リアル店舗を活用したオムニチャネル対応が進んでいます。

ある店舗では、専用アプリを利用しているお客さんに対し、次のような対応ができているそうです。お客さんが店内に入ると、専用アプリが立ち上がり、そのお客さんが日ごろよく購入する商品に関するお得情報（例えば、ディスカウントクーポンの発行など）がプッシュ通知によって提供されます。このサービスを開始したころはお客さんから気味悪がられることもあったようですが、最近ではその反応が逆転しています。

2014年に実施されたアメリカのある調査では、自分がその店にいるときに、「もしキャンペーンやプレゼントといった特典を得られる情報があってそれが知らされない場合」に不満を感じる人が6割にのぼったそうです。そこで感じる不安や気味悪さよりもそこで得られるメリットのほうが上回れば、積極的に利用したいと考えるのが、消費者の基本的な心理ということでしょう。

■実現するためにクリアしなければいけない3つのポイント

オムニチャネルでの対応を実現するためには、クリアしなければならないポイントが3つあります。

まず、「在庫の一元管理」です。これはネットショップ、リアル店舗の店頭、物流センター、移送中のトラックにある商品在庫をリアルタイムで管理することです。在庫の一元管理が実現できれば、ネットで注文した商品を店舗で受け取ったり、ネットで購入したものを店舗で返品することができたり、A店の在庫をB店に送ってもらって購入したりすることも可能になります。

次に「価格の統一」です。ネットで値段を調べて来店したのに、いざ店頭にある商品を購入しようとしたら値段が違っていたということでは、顧客からの信頼は得られません。どこで注文し、どこで商品を受け取ったとしても、販売チャネル、受け取り場所などに関係なく値段は統一されていることが重要になります。

そして「店員の教育」も大切なポイントになります。ネットでもリアル店舗でも、顧客に対して同じ対応をすることが求められます。ネットショップで決済したお客様も、いま目の前で精算しているお客様も、自社の大切な顧客であるという意識を共有することが必要です。

■アメリカのショッピングセンター激減が意味すること

アメリカでの買い物シーンといえば、週末、だだっ広い駐車場に車を止め、家族連れで買い物カートを引っ張りながら、巨大なショッピングセンター（ＳＣ）内を巡り歩くというのが、まだまだ多くの人のイメージするところではないでしょうか。

ところが、そのアメリカでは、現在ＳＣを語る際に「１８００分の３００」がクローズアップされます。「以前１８００程度あったショッピングセンターのうち、およそ３００が閉鎖に追い込まれた」というショッキングな事実を示したものです。さらに、それだけにとどまらず、「現存するＳＣの３割は消滅する」という見方がされることもあります。

その原因を作っているのが、アマゾンに代表されるＥＣです。

リアル店舗同士の競合なら、お客さんの動きが目に見えますから、「向こうの店にお客さんが流れている」「こちらの客足が鈍くなった」といったことを、実感をもって知ることができました。

ところが対ＥＣとなると、目には見えないところ（インターネットの世界）でお客さんを奪われているのですから、実感を持つまでに時間がかかります。ＥＣが多くのリアル店舗から同じようにお客さんを奪っているのであれば、近隣の競合店の動向を見ているだけでは何もわかりません。景気全体からくる影響なのか、本当の顧客離れなのか、その判断はなかなかつかないでしょう。しかしその間にもＥＣへの顧客流出は止まりません。本格的に気づいたときには、もはや手遅れということにもなりかねません。

というのも、ＥＣ市場は十数年前まではほとんどなかったわけですから、現在のＥＣ市場の規模だけ、従来のリアル店舗中心の小売市場全体から顧客を奪われていると考えることができます。しかも、年々、ＥＣ市場の占める割合は増加傾向にあるわけです。

ローソンの元社長の新浪剛史氏は、社長時代に、私が参加した対談でこう語っています。

「コンビニは、コンビニエンス、便利でなければいけません。だから、役員のほとんどが反対した生鮮食品を置くことを通しました。生鮮野菜があれば、便利だからです。しかし、もしかしたら、この便利さで、アマゾンに負けているかもしれません。例えば、お店に行くという手間がかかるし、女性であればちょっとした化粧もしたくなる。宅配便で玄関先まで届けてくれるＥＣに比べれば不便なんです」

ＥＣには確かにお客さんに「コンビニでさえ不便」と思わせるだけの利便性がありますす。しかし、だからといって、コンビニや一般のリアル小売店はＥＣに勝てないということではありません。ＥＣとリアル店舗とを対立軸で考えるからいけないのです。対立軸という考え方を改め、ＥＣに積極的に近づくことです。ＥＣの利便性に慣れ親しんだ消費者に、あえてＥＣ抜きで対応しなければならないという理由はどこにも見つかりません。「リアル店舗とネット通販の融合」、つまりオムニチャネルをめざすべきだと私は思っています。

■お客さんが求める「便利さ」はますますハイレベルに

マーケティングを少しでもかじったことのある人であれば、「マーケティングの4P」をご存じだと思います。

1961年に、アメリカのマーケティング学者であるジェローム・マッカーシーが提唱したもので、「Product（製品）」、「Price（価格）」、「Promotion（広告）」、「Place（流通）」の4つのPを組み合わせることにより、効果的なマーケティング活動ができるという考え方です。

そして時代が変わり、メーカーや流通企業の間でも顧客志向が広がり、お客様視点での事業展開が重要視されるようになると、それまでの作り手視点、販売者視点で考えられた4Pの要素を、それぞれお客様目線（＝買い手視点）に落とし込んでいく考え方、マーケットインの発想が注目されるようになりました。それが1993年に広告学者のロバート・ラウターボーンが提唱した4Cです。

4Cとは「Customer value（顧客価値）」「Customer cost（顧客コスト）」「Communication（コミュニケーション）」、「Convenience（利便性）」のことを指しています。

さらに時代が進み、インターネットが社会インフラとなり、スマートフォンが普及し、ECが急成長をとげるなかで、4Cの中身も変容してきました。

例えば、お客様とのコミュニケーションは、マスメディアを中心としたものからＰＣや携帯電話・スマートフォンへとシフトし、One to Oneのマーケティングが実現できるようになりました。

コミュニケーション以上に進化が著しいのが、「コンビニエンス（利便性）」です。少子高齢化の進展、都市生活者の増加、ＥＣの成長などの要因が複合的に組み合わされ、「もっともっと便利に」＝スーパーコンビニエンスが望まれるようになりました。それに対応できるか否かが、お客様から選ばれるかどうかのポイントになってきているのです。

つまり、「お客様が商品を欲しいと思ったときに、いつでも注文でき、希望する場所で受け取れる」オムニチャネルが他社との差別化を実現する大きな要因になるのです。

■脱チェーンストア理論。レジ通過売上げでなく、商圏内売上げの発想を！

主な業態別に買い物の拘束時間を比べてみましょう。

ＥＣ（ネット通販）の場合、自宅から注文すれば、商品は宅配会社が自宅まで届けてくれます。注文さえしてしまえば、商品が届くギリギリまでは自由に時間を使えます。

次にコンビニでの買い物の場合は、最寄りの店舗まで歩き、商品をレジで精算し自宅まで持って帰る、という手間がかかります。コンビニまでの距離にもよりますが、少なくとも10分程度は時間をとられることになります。

そして食品スーパーを利用する場合。自宅から車で最寄りの食品スーパーに行き、駐車場の空きスペースを探して車を止め、入店。買い物を終えレジで精算し、再び駐車場に向かいます。商品を車に積み込み、自宅に帰ります。駐車場から店内に入るまでも意外と時間がかかります。いくら急いで買い物をしたとしても、食品スーパーを利用した場合は最低でも30分くらいはかかるでしょう。

同じ買い物をするとして、あなたはどの方法を選ぶでしょうか。

小売・流通業界において、物流機能は長らく裏方的な存在で、しかも、安ければ安いほうがいいという考えがありました。しかし、今は明らかにそういう時代ではありません。現在、物流こそが差別化を生み、競争優位を確立する切り札になっているのです。

■買い物拘束時間の比較

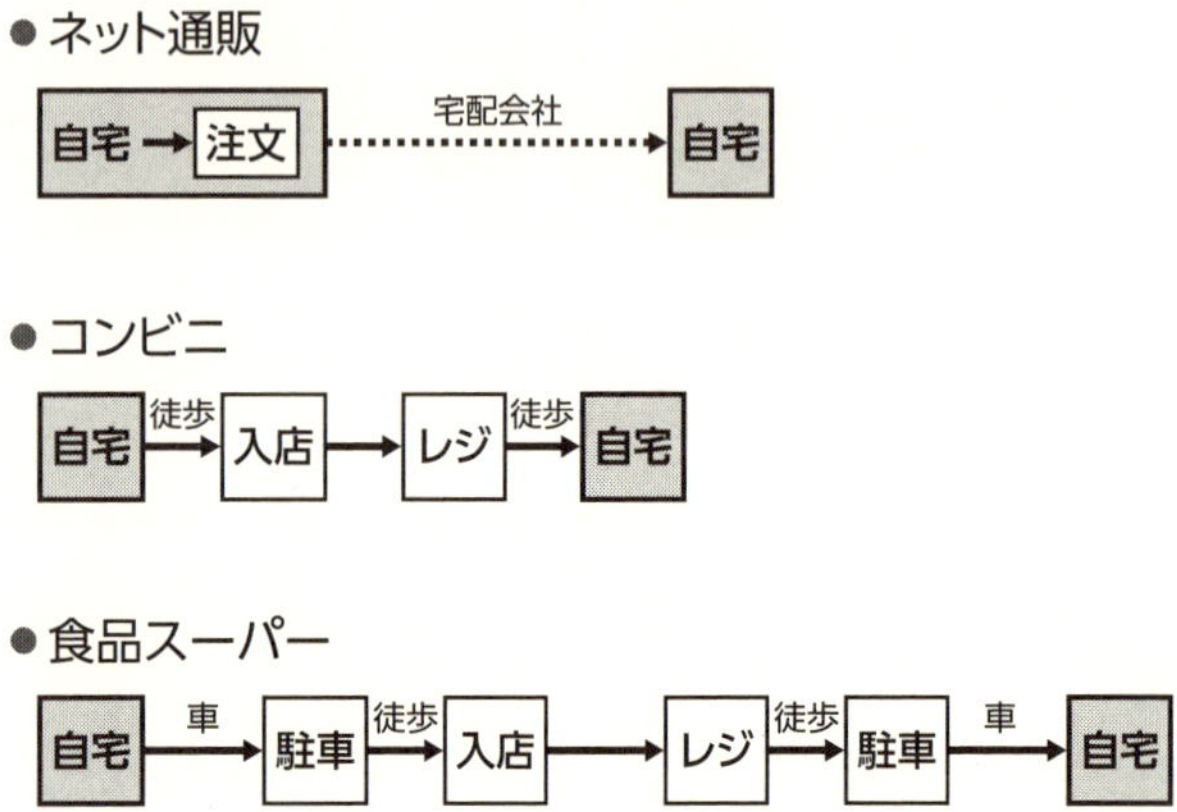

日本国内のリアル小売市場は、急激に進む少子高齢化、ネット通販の進展により今後は徐々に縮小していくでしょう。そうした社会環境の変化もあって、これまで多店舗展開による成長を図ってきた大手小売業では、売上げづくりに対する考え方を変えなければいけません。

　これまでは、「売上げ＝1店舗あたりの売上げ×店舗数」という考え方が基本になっていました。既存店の売上げが落ちても、店舗数を増やせば、全社の売上げを伸ばすことができるという考え方です。

　しかし、ＥＣ化が進む今は、新規出店によって売上げ増を確保するという、チェーンストア理論に則った考えでは、採算がとれません。

そこで、私は脱チェーンストア理論として、「売上げ＝1顧客あたりの売上げ×顧客数」という考え方にシフトすべきだと言い続けています。店舗であれ、PCであれ、スマホであれ、お客さんとの接点を増やし、買い物利便性を提供し続けることで、買い物機会を創造し、お客さん1人ひとりにできるだけたくさん買い物をしてもらうという発想です。

この考えのもと、対象商圏あたりでどれだけお客さんを確保できるかが重要になってきています。レジ通過売上げは、ECの進展で減っていきます。しかし、店舗を閉店すれば、その店舗周りのEC売上げも落ちます。なぜなら、近くに店舗がある安心感があるから、ネットでも購入しているからです。だから、各店の商圏内のEC売上げも店舗の成績にして、店舗売上げとして計上すべきなのです。

■ニトリの都心店舗では、商品の持ち帰りを不要に

繰り返しになりますが、オムニチャネルは「どんな注文方法にも、どんな受け取り方法にも対応する商売」の仕組みです。そのオムニチャネルを実践する方法としてどのような

ものがあるか、具体的に見ていくことにします。

本書内でも何度も出てきますが、アマゾンは地球上で最もお客さんを大切にする企業であることをめざしています。お客さんが便利と思うことで、いまだ世にないようなものがあれば、自分たちで開発してしまうという会社です。ですからアマゾン発による、新しい注文方法がいくつもあります。

２０１６年12月、日本のアマゾンでも「Amazon Dash Button」（アマゾンダッシュボタン）の販売が開始されました。

日用雑貨や食品・飲料、ペット・ベビー用品など、具体的には「アタック」「シーブリーズ」「エリエール」といったブランド名がプリントされたボタンを押すだけで、その商品をアマゾンに注文することができます。

例えば、「そろそろ洗剤がなくなりそうだ」と気づいたら、「アタック」のダッシュボタンを押すだけで注文完了です。商品が届くまではボタンを何度押しても1回分の注文のみの受け付けですから、意図しない重複注文を防ぐことも簡単です。また、商品の注文時に確認通知が届くので、注文内容を確認した上でキャンセルすることも可能です。

このダッシュボタンは、年会費３９００円（または月会費４００円）のアマゾンプライ

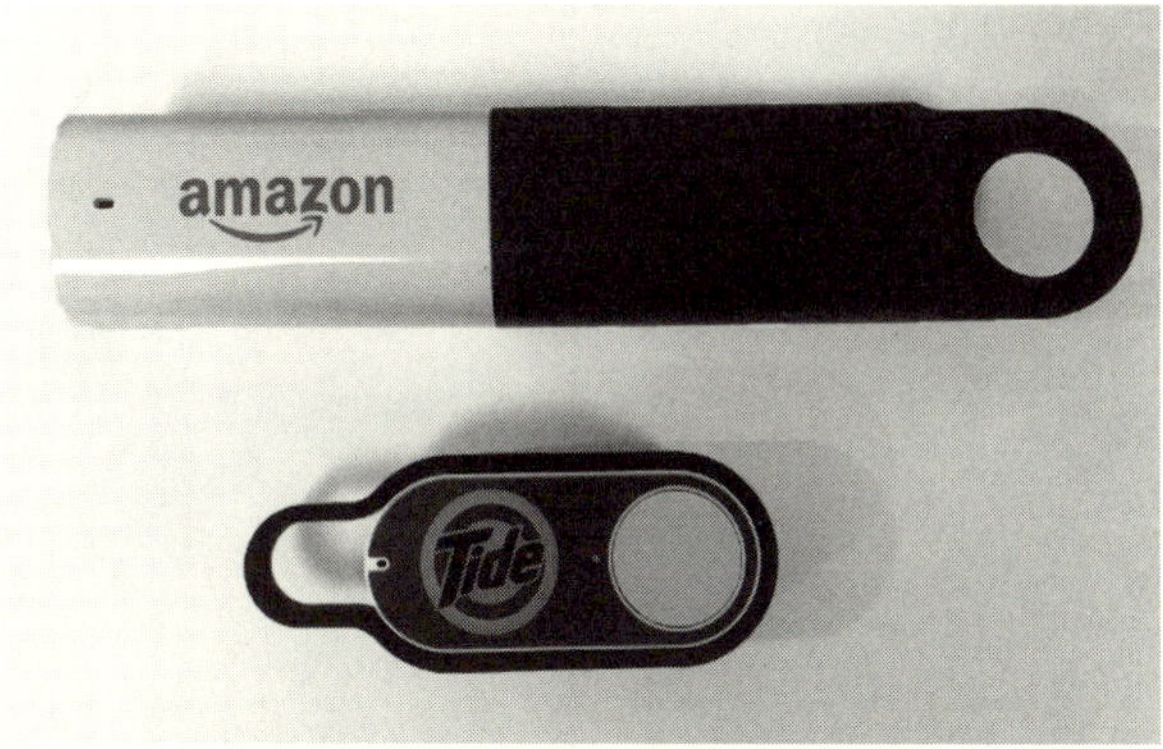

商品のバーコードをスキャンすることで注文できる「アマゾンダッシュ」（写真上）と「アマゾンダッシュボタン」

ム会員専用で、それぞれのダッシュボタンは無料ではなく、500円です。ただし、初回の注文時には、商品代金から500円が差し引かれますから、実質的には無料で利用できる注文ツールと考えることができます。2018年4月時点で、日本では約130種類以上のブランドのダッシュボタンが販売されています。

2018年4月からは、ボタンではなく音声で注文する、スピーカー型音声アシスタント端末「アマゾンエコー」が日本で発売されました。ヒトの言葉（音声）を認識して応答もできるAI（人工知能）「アレクサ」を搭載しており、〝音声執事〟とも呼ばれています。

AI搭載というだけあって、アマゾンの注文はもとより、ネットワーク上の機器やネットのサービスを自動的に操作し、会話しながら天気予報やスケジュールを確認したり、宅配ピザを注文することができます。

米国では、商業施設ひとつとっても、日本とはスケールが違います。そのため、広い店内をナビゲートしながら、探している商品の棚のところまで連れていってくれ、商品を確実に購入できるようサポートしてくれるスマホアプリを提供する流通小売業が増えています。

大型家具専門店のネブラスカ・ファニチャー・マートのアプリは、店内に入ってアプリを立ち上げ、例えば「ソファーの売場を教えて」と音声入力し、希望する商品を指定すると、街中での道案内のごとく、その商品が置かれている場所までの進路を教えてくれます。

大手ホームセンターのホームデポは、広い店舗の割に店員も少なく、商品を見つけられないことで知られています。ホームデポで提供しているアプリでは、商品が店内のどの棚にあるのか、在庫数量はどれだけあるのか示してくれるほか、ライブチャットにより、商品情報の詳細を確認することもできます。店内案内用のアプリにライブチャットの機能を持たせる発想は、巨大な店舗スペースを誇る米国ならではのことだと思います。

Product Locator

Find products and check availability in your local store using our interactive store maps

Live Chat

Have a product expert answer your questions in real time

「ネブラスカ・ファニチャー・マート」のアプリ

日本の企業でも、新しい注文方法に取り組んでいる企業があります。第２章でも取り上げた、大型家具・ホームファッション販売の最大手、ニトリです。

同社は２０１７年６月、東京・山手線内で最大規模の「ニトリ渋谷公園通り店」で「手ぶらdeショッピング」という新サービスをスタートさせました。ニトリアプリを使って、店内に陳列された商品の専用ＱＲコードを読みこませると、ＥＣサイト「ニトリネット」と連動し、簡単に買い物処理ができるというサービスです。

ビルの１階から９階までを売場に持つ渋谷公園通り店は１５１０坪の売場面積があります。山手線内最大規模ということで、ニトリの扱う家具を都心で生活している多くのお客さんにも見てもらおうと、ほかの都内店舗では一部しか置いていない大型家具を陳列することにしたのですが、展示用の家具を陳列するだけで5割近くのスペースを占めてしまいます。

これまで都心型の店舗では、電車など公共の交通機関を利用して来店するお客さんが多いため、直接持って帰ることが可能な家庭用雑貨の品揃えを充実させてきましたが、限られたスペースの中では店舗で十分な商品の在庫を抱えることはできません。それならばいっそのこと店内すべてを、生活シーンを感じられるショールームにしてしまおうと試みたのが、この「手ぶらdeショッピング」です。このニトリ渋谷公園通り店に来れば、大型家具から、カーテンなど自宅配送を希望することが多い商品、持ち帰りの容易な商品のいずれでも、店舗でまとめて注文することが可能です。利用者から好評なことから、今後、都心エリアに出店するほかのニトリ店舗でも展開していく計画です。

■アメリカの大手小売企業は「ストアピックアップ」を相次いで強化

次に受け取り方法に注目してみましょう。

まず、リアル店舗を展開する企業の場合、店舗在庫をＥＣ注文の受け取りに活用する方法があります。アメリカでは「ストアピックアップ（Store Pick Up）」、欧州では「クリック&コレクト（Click&Collect）」と呼んでいますが、各地に展開している店舗に物流センターとしての機能を持たせ、一元管理されている店舗在庫からＥＣ注文に対応するというものです。欧米では日本ほど宅配便への信頼度が高くないため、ＥＣで注文した商品の店頭受け取りは早くから発達していました。

世界最大の小売企業、ウォルマートでは全米５０００店舗のネットワークを生かし、ストアピックアップに力を入れています。ＥＣ注文品の当日受け取り、送料無料サービス「Pick Up Today」を実際に試してみたところ、本来は4時間以内の受け取りとされているようですが、約1時間で注文品を受け取ることができました。昔は店内の一番奥に商品の受け取り場所がありましたが、最近見たときには、店内に入ってすぐのところに、「Pick up here」という大きな店内案内が掲げられていました。店内に入ると、「アプリを使ってみて」「オンライン注文を試してみて」というＥＣ活用を勧める掲示がいたるところにあり、オムニチャネルへの対応を積極的に発信しています。

店舗受け取りの場合はさらに値引きしてもらえるサービスも

また、冷凍・冷蔵にも対応する24時間受け取り可能な専用の施設を設けたり、「Pick Up Discount」として「店舗受け取りの場合はさらに値引きをします」というアマゾンには真似のできないサービスも提供しています。

「buy online pickup in store」として、いち早くEC注文品の店舗受け取りサービスをスタートしていたのが、オムニチャネルの先駆けとして有名な老舗百貨店のメイシーズです。導入当初にこのサービスを利用してみたことがあるのですが、いざ店舗に行ってみると、店舗スタッフに確認しても肝心の受け取り場所がわからず、結局、スーパーバイザーらしき人が出てきてようやく受け取り場所にたどり着けたというありさまで、メイシーズの店内を30分くらいうろうろしてしまいました。

そのときは、まだオムニチャネルの考えが売場にまで浸透していなかったのですが、数年後にシリコンバレー近くの店舗を訪れた際には駐車場での荷物の受け取りに対応するなど、かなり進化していました。

店舗ピックアップによる成功事例としてよく知られているのが、ディスカウントストア大手のターゲットです。２０１４年のクリスマスを前にストアピックアップをスタートさせましたが、アマゾンで注文した場合、商品の受け取りに2日から3日かかるところ、ターゲットでは注文翌日には受け取ることができるということもあって、前年売上げから4割アップになりました。

大手ＧＭＳチェーンのシアーズでは、店頭受け取り専用ロッカーを設置しているほか、「イン・ビークル・ピックアップ」というサービスも提供しています。「5分以内に車までお届けできなければ5ドル分のクーポンを渡す」という仕組みになっていますが、専用スペースには、これまでのお客さんの商品お届けまでの所要時間が表示されており、いずれのケースでも「5分以内」を実現していました。それだけ、店舗スタッフも時間を意識しながらサービスに対応していることがよくわかります。

■専門店は「店舗受け取り＋高度な接客」で差別化

一方、専門店でのストアピックアップは、単に利便性を提供するだけではありません。

全米最大の楽器販売チェーン「ギターセンター」は、店内の随所に「Now Buy Online（この商品は今この場所からオンラインで買えます）」、「Check in Store Inventory Online（ネットで店内に在庫があるか確認してみてください）」というプレートが掲げられているように、オムニチャネル対応に自信を持っています。

また、専門知識の豊富な店舗スタッフがそろっていることでも定評があり、全員が楽器愛好家で楽器を演奏する技術もあります。初心者のお客様でもフレンドリーにアドバイスできる高度な接客技術も備えており、接客というソフト面からも、ネット通販とリアル店舗の相乗効果をもたらすオムニチャネルを下支えしています。

日本でも、ギターセンター同様、専門知識に基づくアドバイスを強みに、店舗受け取り実績を伸長させているところがあります。

カメラ販売・ＤＰＥ（写真の現像・焼きつけ・引き伸ばし）大手チェーン「カメラのキタムラ」を展開する「キタムラ」です。ネット通販「キタムラネット」の売上高が全体の約３割を占めているのですが、ネット通販利用者の70％以上が送料無料の店頭受け取りを選択しています。

店頭受け取りをするお客さんは、知識豊富な店舗スタッフに購入したカメラの操作法を教えてもらいながら、店頭でスタッフが操作するタブレットでアクセサリーなどの追加購入をすることも多いそうです。カメラを買って「いい写真を撮りたい」「もっと上手になりたい」と思っている熱心なカメラ愛好家たちに、接客を武器に店頭販売とネット通販につなげているのです。

店舗に代わって、ＥＣ商品の受け取り場所を店舗近くに提供するサービスもあります。サンフランシスコを拠点に展開するスタートアップ企業のカーブサイドです。２０１８年６月に、楽天が買収することが発表されました。スマホアプリ「カーブサイド」を利用して、近隣エリアの店舗で販売している商品を注文することができ、商業施設の入り口や店舗の前に設置されたカーブサイドのテントで、１時間以内に商品を受け取ることができ

「カーブサイド」のテント

ます。現在、受け取り可能な施設は全米で4000ヵ所にのぼるそうです。

■宅配ロッカーで再配達問題を解決できるか

EC専業が物流センター在庫から届けるという場合の受け取り方法にも新しい動きが出ています。

その前に過去の壮大なる失敗事例についても触れておきたいと思います。

1996年に米国でオンラインのスーパーマーケット事業をスタートした「ウェブバン」というベンチャー企業がありました。1999年に株式上場により巨額の資金を調達し、当時としては最新鋭の巨大物流センターを建設する一方で、配送トラックを購入して、ドライバーを雇用、自前の配送網を構築しようと考えていました。しかし、同社には物流ノウハウもないうえ、十分な顧客獲得にも至らないまま広域での配送を試みたため配送効率も悪く、２０００年にドットコムバブルがはじけると同時に、事業が行き詰まり、そのまま経営破綻への道をたどりました。

このウェブバンに先んじること1年。１９９５年に米国アマゾンがネット書店として事業を開始しました。現在のアマゾンを見れば、同社がいかに物流を重要視しているかがわかりますが、立ち上げ時はウェブバンのように先を急がず、品質管理がさほど難しくない書籍で物流のノウハウを修得しながら、事業を拡大していきました。物流システムに対する見通しの違いが、今日の状況をもたらしたといえると思います。

現在そのアマゾンは、最短1時間配送のアマゾンプライムナウ、ネットスーパーのアマゾンフレッシュの展開において、小商圏での顧客獲得と高い配送密度の実現を基本に、展開エリアを着実に拡大しています。また米国内では受け取り拠点としてのアマゾン・ロッカーの設置にも早くから着手しています。

日本ではＥＣ市場の急成長にともなう宅配便の急増により、欧米にはない「再配達問

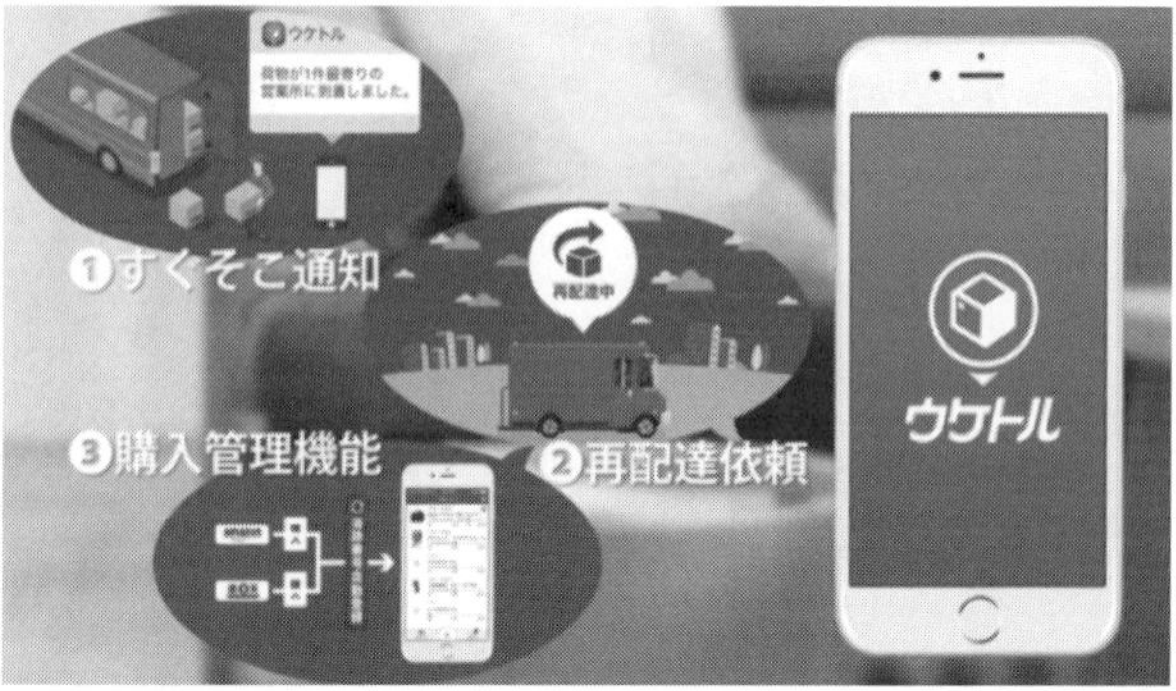

再配達問題解決アプリ「ウケトル」

題」への対応が大きな関心事になっています。

私が代表幹事を務める「宅配研究会」は、年間１億３７００万個を出荷する荷主企業グループ（ネット通販、宅配業者）がメンバーとなり、「宅配事業者と協力し、安定供給と安定価格の実現をめざす」ことをミッションに、２０１４年2月に設立しました。宅配研究会では宅配便が抱えるさまざまな問題について議論を重ね、再配達の削減にも取り組んでいます。このプロジェクトから生まれたスマホアプリが、現在10万人以上に利用されている再配達問題解決アプリ「ウケトル」です。この「ウケトル」により2割近い再配達の削減効果が得られています。

アプリ以外の再配達を削減する方法としては、国も力を入れている「公共宅配ロッカー」があります。

ヤマト運輸、佐川急便、ＤＨＬ、順豊エクスプレスに対応した「ＰＵＤＯステーション」、日本郵便の「はこぽす」、楽天市場専用の「楽天ＢＯＸ」、セブン-イレブンとヤマト運輸が共同で設置する「宅配ロッカー」ですが、それぞれ使い方はバラバラ、ＥＣサイトからの受け取りロッカーの選択も統一されていないので、現在の利用率は散々なものですし、このままでは将来にわたっても、なかなか浸透していかないでしょう。私は、以前から、共通プラットフォームとして、全社の宅配ロッカーや、受け取り可能なコンビニなどの店舗をすべて網羅した地図システムを作ろうと提唱してきました。宅配ロッカーに対する助成金が国土交通省で２０１７年に始まりましたが、この一部を使えば、地図システムができ、宅配ロッカーやコンビニ受け取りが、もっと

「はこぽす」と「PUDOステーション」

「楽天BOX」

普及するでしょう。

ＥＣ市場では世界最大の中国はというと、各地に大きな受け取りセンターが設置され、購入者はそこまで商品を受け取りに行くというのが一般的になっています。

■販売をせず、在庫も持たない「ショールーミング型店舗」

これまでリアル店舗は「商品を販売する場所」であることが当たり前でした。しかし、店頭販売を目的とせず、商品の実体験を通じた販売促進や商品の受け渡し、ブランド戦略などに特化したリアル店舗も増えています。

ＥＣ発のオムニチャネルへの動きとして注目されているのが、在庫を置かない店舗の活用です。店舗で実物にふれたり、体験したりすることはできますが、商品そのものは後日、宅配便で受け取るという仕組みです。あくまでもネット通販からの購入が主軸であり、リアル店舗には商品在庫がありません。在庫のためにスペースを割く必要もなく、店舗運営コストを抑えることもできます。

その代表的な成功例を見ていきましょう。

２０１０年、アメリカで開設したメガネ通販サイト「ワービーパーカー」は、廉価ながらデザイン性の高いメガネを自社生産し、成長してきました。企業価値が10億ドル（約１０００億円）以上の未上場ベンチャーを「ユニコーン」と言いますが、ワービーパーカーもその１社に数えられている人気のメガネブランドです。

同社はネット通販からスタートしましたが、２０１３年にはニューヨークにリアル店舗をオープンしました。しかし、その店舗は店頭販売を目的とするものではなく、「ショールーム」という位置づけで、主力はあくまでもネット通販です。店頭で商品を触って使い心地などを試してからネット通販で購入する「ショールーミング」の自社完結版という試みです。現在、アメリカとカナダに、約60店舗を展開しています。

２０１７年にウォルマートが買収したことでも知られる、男性向けアパレル通販「ボノボス」も、ニューヨーク、シカゴ、サンフランシスコなどにリアル店舗「ボノボスガイドショップ」を展開しています。ガイドショップという名前からも想像がつくように〝試着専門店〟です。「試着したら買わなければいけない」というプレッシャーを感じることなく、思う存分に試着をすることができ、人気を集めています。

これまでのアパレル店舗では、ある程度の余剰を見込み、店頭には相当量の在庫を持っていました。しかしボノボスの場合は、店頭在庫が少なくて済み、店舗スペースを顧客の体験のための空間として活用することができます。その結果、コストを抑えた店舗運営ができ、好立地への出店も可能になります。現にニューヨークに5店舗、シカゴに4店舗を出店するなど、全米で50店舗以上を展開しています。

日本国内でも、PBを軸にした試着専門店舗を展開し、ネットとリアルの融合効果を高めているところがあります。

首都圏を中心にファッションビルなどの商業施設を展開する丸井グループです。同社では2017年2月、丸井錦糸町店に常設の体験ストアとして「ラクチンきれいシューズFitStudio（フィットスタジオ）」を開設しました。

「すべての人に、『ぴったり』が見つかる新しい靴のお店」ということで、19・5㎝から27・0㎝の全サイズのサンプルが用意してあります。お客さんはスタッフを気にすることなく全サイズを自由に試し履きすることができ、専用のタブレット端末から注文することもできます。購入商品は最短2日で無料配送されます。現在、丸井錦糸町店のほかに1店舗（イオンモール木曽川内）を出店しています。

■「店舗からの配送」方法も、小売と宅配業者の提携で多様化

米国では、店からの配送を代行するベンチャー企業も生まれています。2012年に創業された「デリブ」と2011年創業の「ポストメイツ」が特に有名です。

「デリブ」はショッピングセンターやメイシーズといった百貨店などと提携し、「シップ・フロム・ストア」（店舗からの配送）を代行しています。「ポストメイツ」はスターバックスの宅配サービスをはじめファストフードやレストランなどの調理済み料理のデリバリーが8割を占めていますが、ドラッグストアのウォルグリーンや食品スーパーなどからの配達も代行しています。2018年4月にはウォルマートのデリバリーサービスを一部都市で代行する提携を結びました。

買い物代行サービスとして実績をあげているのが「インスタカート」。ネットで注文された商品を、インスタカートと契約する配達員が提携先店舗に自分の車で行って店内で商品を購入し、お客さんの手元に届けるというビジネスモデルを展開しています。高級食品

スーパーのホールフーズは、インスタカートと契約し、専用のレジ、保管場所を設けるほど密接な関係を築いていましたが、2017年8月にアマゾンに買収され、インスタカートとの関係がどうなっていくのか気がかりです。

日本では、コンビニと宅配事業者との提携が進んでいます。

2015年6月、コンビニエンスストア大手のローソンと、佐川急便を傘下に持つSGホールディングスとの合弁で「SGローソン」が設立されました。

既存のローソン店舗のバックヤード（倉庫）を配送拠点とし、SGローソンのスタッフが専任担当者（パーソナルアドバイザー）となり、店舗から半径500m圏内の世帯を対象に、専用の台車や自転車を使って、現在のところ佐川急便の宅配便の配送を代行しています。将来的にはローソン店舗での取り扱い商品の御用聞きを行なっていく計画で、店頭商品のほか、成城石井、大地を守る会（オイシックスドット大地）等の商品を含む、食品スーパー並みの品揃えから注文が可能になるようです。

2017年4月には、コンビニエンスストア最大手のセブン‐イレブンが宅配サービスで、西濃運輸を傘下に抱えるセイノーホールディングスと業務提携し、セブン‐イレブン専用の宅配代行会社として「GENie（ジーニー）」を設立しました。

主に地域の主婦を「ハーティスト」と呼ぶ配達員としてパート契約し、加盟店の宅配サービス、御用聞き、高齢者見守り活動等を行ないます。カバーエリアは店舗の周囲500mから1㎞圏内で、加盟店ごとに区分けがされています。

■中国のスーパーでは、ネット注文された商品を忙しくピックアップする宅配業者の姿が

中国では、ジャック・マー会長が率いるアリババグループ、ネット企業テンセントと京東商城（JDドットコム）の2大グループそれぞれが、リアル店舗を展開する大手流通業との資本提携を積極的に進めています。

アリババグループ運営の生鮮スーパー「盒馬鮮生（フーマーシェンション）」はオムニチャネルを地でいっている店舗で、スマホアプリ経由でネット注文すれば、3㎞以内の商圏には30分以内に自宅までバイクで宅配を行なっています。IT技術を駆使してルート最適化やピッキングの人員配置などの経営効率化を図り、30分での配送を実現しており、ネ

ット注文による宅配での売上げが主体になっているそうです。

盒馬鮮生は、現在、北京、上海などに40店舗近くを出店しています。先日、中国北京で、ある流通チェーン店向けに全中8ヵ所同時生中継で講演をした際に、イトーヨーカ堂が撤退した跡地に居抜き出店した盒馬鮮生の店内を見てきました。会員制で運営されていますが、店内の光景は日本の食品スーパーと明らかに活気が違っています。その差は何かというと、宅配用のピッキングをしている人の数が圧倒的に多く、天井にはコンベアが流れており、ピッキングした商品はそのコンベアを通じて、配送のピックアップ場所にどんどん流れていっているからです。

商品をピッキングしている姿は、日本のネットスーパーのそれと比べれば少々荒っぽいかもしれませんが、利用者がどんどん増えているわけですから、それだけお客さんからの満足度も高いということでしょう。

店内で販売している生鮮品は、所定の料金を支払うと店内調理してもらえ、そのまま施設内で食べることもできます。私も、ロブスターとカニをボイルしてもらい、昼食代わりにしました。新鮮ですから味も抜群でした。

この日、イベントで賑わう店内を見ていて気になったのが、店舗スタッフがおそろいで着ているTシャツに書かれた「12.12」です。中国ではアリババグループが、最近、毎年、11月11日（ダブルイレブン）を「独身の日（シングルデイ）」として一大セールを行なっていますが、「12.12」は今アリババが力を入れている新記念日だということでした。このことから、現在11月11日に集中している物流量を、新たな記念日を作ることで、分散、平準化を図ろうとしていることが読み取れました。「力ずくでも変えていく」という強い意志が感じられました。

アリババグループ運営の生鮮スーパー「盒馬鮮生」

ネット注文された商品を店員がピッキングしているところ

中国のイオンでも、盒馬鮮生同様、店舗在庫からの宅配サービスを提供しています。

ここではアリババのライバルである、京東商城（ＪＤドットコム）のサービスを利用し、「5キロ圏内を30分以内で届ける」とうたっていました。

　イオンの入っている施設で気になったのが、ヘルメットをかぶった人たちが何人も店内を忙しく歩き回っていることでした。それだけ店舗在庫からの宅配サービスを利用している人が多いということと、30分以内に届けないと評価が下がるということから、ムダな時間はできるだけ減らしたいということなのでしょう。中国では、評価が下がると行政サービスを受けられなくなるというペナルティがあり、「それは何としても避けたい」という気持ちが表われているようでした。

中国のイオンではヘルメットをかぶったままの配送ライダーの姿をよく見かける

■ネットスーパー事業で勝つためのポイントとは？

日本国内でも、２０１８年、ネット企業とリアル店舗との本格的な協業が動き出しました。楽天と西友（ウォルマート）、ソフトバンク・ヤフー陣営とイオンとの提携です。

２０１７年は、４月にアマゾンのネットスーパー「アマゾンフレッシュ」がサービスを開始、11月にはイトーヨーカ堂がアスクルのロハコに出店する「ＩＹフレッシュ」をスタートしました。これまでにもネットスーパー事業は個々のスーパー単位で各社がそれぞれ行なっていましたが、事業の採算という点ではいずれも厳しいことが伝わっていました。そうした事業環境の中での、ネット事業者、リアル店舗、さらには物流機能との協業ということですから、各陣営が本気でネットスーパー事業に取り組むという意思表明かもしれません。

私はネットスーパー事業で勝つためには「取り扱いアイテム数がキーポイント」になると考えています。

取り扱いアイテム数が多ければ、対象エリア内での注文総数はその分多くなります。ア

■アイテム数がカギ

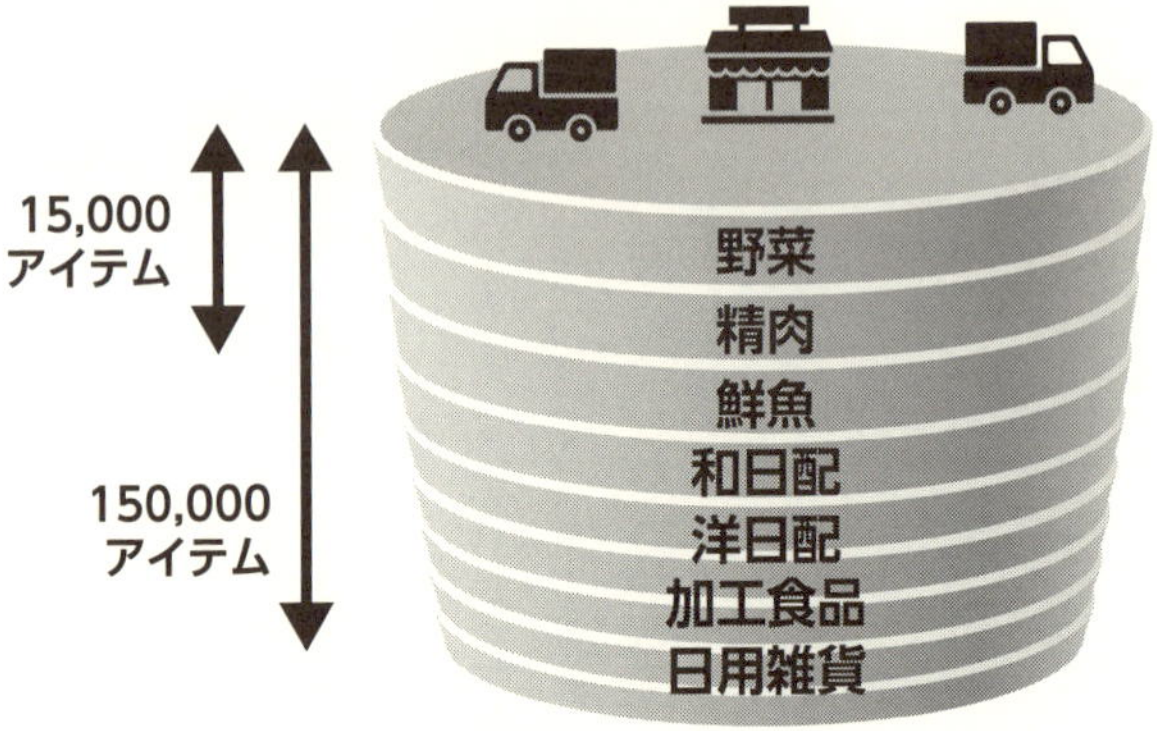

アイテム数が増えれば、マーケットサイズが増え、
エリア内の配達件数が増える(配送密度アップ)

イテム数の差がそのまま注文総数の差にはなりませんが、アイテム数で10倍違えば、注文数は2倍くらいにはなります。同じ配送エリアで考えたときには、注文数が多ければ多いほど、配送効率も高まりますから、それだけ採算ベースに乗りやすくなるわけです。

アマゾンフレッシュがサービスをスタートした際、当時のイトーヨーカ堂ネットスーパーとの比較をしましたが、アイテム数が圧倒的に多いアマゾンフレッシュに軍配を上げたのは、そうした理由からです。

■「ちょっとしたことでも面倒」と感じる消費者は、今後ますます増える

最近では、東京都内で一般の人が商品を宅配する、フードデリバリーサービスの「ウーバーイーツ」をよく見かけるようになりました。これは、アメリカをはじめ、オーストラリアやカナダなどではすでにポピュラーになっているフードデリバリーサービスで、自宅やオフィスの近くにあるレストランの料理を届けてくれます。

少し前までは自転車による宅配が中心でしたが、近ごろは専用のバイクで宅配をするウーバーイーツも見かけるようになりました。

「忙しいから届けてほしい」「わざわざ出かけるのが面倒」、そうした声が大きくなっているからでしょう。

この傾向は、ミレニアル世代（1980年代半ばから2003年の間に生まれた世代）を中心にアメリカで年々、エスカレートしています。

フードデリバリーに対するニーズの高まりを示すデータがいくつかあります。

まず「レストランで調理される料理のうち、デリバリーされる比率は15%」。このデータが示しているのは、デリバリーに対応しないと、売上げが15%落ちるということです。一気に15%も売上げが落ちたら食材の仕入れにも影響が出てきますから、デリバリーに対応する方法を考えるしかないでしょう。

次に「食卓の食事のうち、家で調理された料理の比率は60%未満」。夫婦共働きの世帯が増え、お互いに時間がないなかでは、調理する時間も体力も限られるということなのでしょうか。レストランの料理のデリバリー、デリカテッセンやミールキットの通販が増えているのは、そうしたニーズへの対応にほかなりません。

そして「シリアルは面倒と考える人が40%」。シリアルといえば、お皿にあけ、牛乳をかけるだけで、簡単に1食分の栄養を摂れる便利な食品ですが、お皿を洗うことさえ面倒だと思う人がこれだけいるというのは驚きです。

最後にご紹介するデータは「コーヒー豆の売上げ規模の推移」です。「Ground（挽いたコーヒー豆）」と「Whole bean（挽いていないコーヒー豆）」の市場規模を見てみると、Whole beanがこの十数年、ほとんど変化していないのに対し、Groundは同じ期間内に3倍以上に増えています。アメリカ人はコーヒーの味にこだわる人が多いと言われていましたが、「コーヒーを挽くことさえ面倒……」、そう考えるアメリカ人が増えているということなのでしょう。

これらのデータは「ちょっとしたことでも面倒と考えるアメリカ人が増えている」ことを示しているわけですが、見方を少し変えると、「そうした人たちのニーズに応えるサービスがどんどん生まれている」という考え方もできます。

いったん手に入れてしまった便利さからは、簡単に抜け出ることはできません。インターネット革命とＩｏＴ革命とがもたらしてくれたスーパーコンビニエンスへのニーズは今後も尽きることはないでしょう。そうだとすれば、オムニチャネル対応は今以上に必要とされるようになる。このことだけは間違いありません。

リアル店舗を持つ企業がオムニチャネルを進めるだけでなく、ネット通販企業もリアル店舗を持つことで、オムニチャネルを進めていくことになりますから、いつでもどこでも注文でき、いつでもどこでも受け取れる買い物体験が増えていきます。なので、わざわざ店舗まで歩いて、商品を購入することは減っていくことでしょう。

コラム　これからの都市物流問題

今以上に、「物流」というものが脚光を浴びているときはありません。

しかし私は、物流が注目されている今の状態こそが本来あるべき状態であり、もっと注目されて当然だと思っています。

かつてビジネス界でこのように物流に注目が集まったのは、私が知る限りでは、昭和40年代に「物流」という言葉ができたときと、１９９０年代に「サプライチェーンマネジメント」が経営者に注目されたときです。

一方、世の中で広く物流に対する関心が高まったのは、２０１１年の東日本大震災で関東を含めた東日本で店頭の棚から商品が消えたときと、２０１７年の「ヤマトショック」「宅配クライシス」が発生したときでしょう。多くの人たちが「物流は縁の下の力持ちであり、生活に不可欠だ」ということを実感したはずです。

このように危機になり、生活に支障が出てくるようになってようやく注目されるのが物流の実状ですが、本来は普段からロジスティクスというものがもっと注目されるべきだと思います。

先日、福沢諭吉が創設した日本最初の社交クラブである交詢社で講演をさせていただきました。物流というテーマの講演は初めてかもしれない、とのことでした。

講演は昼食後だったのですが、その昼食では、私の講演を聞く190人の人たちはみなパレスホテルが作るコース料理を食べていました。そこで私は講演の冒頭で、「190人分の料理が出され、同時に食べられるのはロジスティクスの力なんです！」と力強く話しました。

みなさんは、当たり前だと思っているので、ロジスティクスのことを意識していないのですが、私の所属しているEO（Entrepreneurs'Organization）組織で海外の研修合宿に行くと、ロジスティクスという言葉は普通に出てきます。ホテル外での食事の際の移動（交通）もそうですし、講師のテキストやノートの配布もそうですし、空港でのお迎え、スーツケースの移送もそうです。何か1つのイベントがあれば、そこには必ずロジスティクスがあるのです。

自分の生活に支障が出て初めて物流に注目するのでなく、普段の生活から物流の大切さを感じてほしいなと思います。

これは企業も同じです。配送運賃の値上げなどで自社に影響が出てからアタフタするのでなく、普段から物流のありがたさを感じて、より真剣に考えてほしいのです。

1996年に初めてネット通販セミナーを行なって以来、私はネット通販をする人には、「ヤマト運輸さんの宅急便があるから、商売ができていることを忘れないでくださいね」と話し続けてきました。

物流に関して、今のうちから考えておかないといけないことがたくさんあります。というのも、これまでの物流ではこの先の物流需要に対して供給力が足りなくなり、年々、物流に関する悩みが増えていくに違いないからです。

具体的にどんな問題が起きるかについてはもう1冊書かなければなりませんが、ここでは都市物流に関する問題について触れておきます。

■建築問題

アメリカに行くたびに、アメリカは物流のことをよく考えているなと思います。なぜなら、オフィスビルでは正面玄関入口以外に物流トラックが入れる道路があり、ショッピングセンターや郊外型店舗では巨大なトレーラーが着けられるバース（高さのあるプラットフォーム）があるからです。

アメリカに行く機会があれば、商業施設（ショッピングセンターやオフィスビル）の裏をよく見てください。物流に関して深く考えられていることがよく理解できます。

一方で、日本で店舗チェーンの物流コンサルティングを行なう際に必ず出てくるのが、「あの百貨店は背の低いトラックを使わないといけない」とか、「あの駅ビルには、トラックは近づけないので、台車で１００ｍ持っていかないといけない」といった言葉です。郊外型の店舗でも、バースが付いていない施設がよくあります。

最近の、イケてる最新オフィスビルでも、物流的にイケてないことは少なくありません。日本物流学会の元会長の苦瀬《くせ》博仁先生（現在、流通経済大学流通情報学部教授）は、丸ノ内にあるビルの物流を手伝ったことがあると聞いています。もともと早稲田大学理工学部土木工学科出身で、工学博士号まで取られていますから、特にビル内物流の問題点がよくわかる人が手伝うことの重要性を感じます。

２０１７年３月には、国土交通省が「物流を考慮した建築物の設計・運用について」という手引書を作成しました。座長は、前出の苦瀬先生です。まだ、法整備はされていませんが、今後、助成金などにもつながっていくのではないかと期待しています。

■宅配問題

２０１７年の宅配クライシスで明確になったのは、「宅配ドライバー不足」です。本書でも記載していますが、好景気と少子高齢化による労働者不足から、採用が思うようにならず、宅配ドライバーが不足してしまいました。

その一方で、「受取人不在」という問題もあります。１人世帯の増加や共働き世帯の増加により、受け取る人が家に誰もいないという状況が増えました。さらには、ＥＣの進展による「宅配個数増加」で、マンションに設置された宅配ボックスが足りなくなるという事態になり、ドライバーが配達できずに商品を持って帰ることが増えました（「持ち戻り」の増加）。

これらの「宅配ドライバー不足」「受取人不在」「宅配個数増加」「持ち戻り増加」というのが宅配問題のキーワードです。

ただ、こうした問題は、持ち戻りするような配達をしないことで、大きく解消します。現在、持ち戻りする宅配は、だいたい3個に1個です。つまり、30個の荷物を営業所から持ち出すと、そのうちの10個を営業所まで持ち帰ることになります。

10個分の家のインターフォンを鳴らして待つ時間もバカになりません。その時間があれば、別のところに配達に行くことができます。また、チルドなど温度管理が必要な品物の場合、品質に影響がありますからヒヤヒヤです。なので、宅配ドライバーさんに聞くと、「不在がわかっていれば電話してほしい」と言われます。

もし、こうした持ち戻りがなければ、計算上では現在の配達個数の1・5倍のキャパが生まれるのです。

今はIoTの時代ですから、受取人のスマホに「今から行きますが居ますか？　在宅／不在」とドライバーが問いかけ、「不在（メッセージ「すみません！　居ません」）」と答えてもらうといったやりとりができるようになるだけで、この問題は解消に向かいます。

これができるのは、現在、「クロネコメンバーズ」と再配達問題解決アプリ「ウケトル」の2つのスマホアプリだけですが、まだまだ加入者数が少ない現実があり、今後の普及を期待したいところです。

このように今後都市物流における問題が大きくなってきます。体感したときには、すでに遅いので、今から利害関係にある「あなた様」にもご協力をお願い申し上げます。

終章

物流戦略の4C

■商品≠製品

「商品と製品は違います！」

そう話すと、ほとんどの人は、ポカンとします。そういった考えを持った人がいなかったからです。しかし、その意味を説明すると、多くの人が「なるほど！」と理解します。

同じ赤いマグカップなのに、なぜ、100円ショップと無印良品だと、値段が違うのでしょうか？　両方、お茶やコーヒーを入れることができます。もちろん、漏れることはありません。商品の機能は変わりません。でも、なぜ価格が違うのか？

みなさんに聞くと、まず出てくるのが「ブランド」です。確かにブランド力は圧倒的に違います。次に、デザインも当然違います。表面コーティングの素材なども違うでしょう。

また、品質も違うでしょう。おそらく、品質検査も、米国やヨーロッパの市場での規制や消費者運動（意識）なども考慮して、無印良品のほうが入念に行なっているはずです。

包装も違います。私自身、無印良品でちょっとしたプレゼントを買うときがあります。

なぜなら、無料でプレゼント包装をしてくれるからです。１００円ショップなら、プレゼント包装の包装紙も買わないといけませんし、それを包むのは素人《しろうと》の私です。それに、１００円ショップで買ったものを喜んでくれる日本の友達はまずいません。

こう考えると、無印良品の赤いマグカップと、１００円ショップの赤いマグカップでは、違う商品なので、値段が違って当たり前なのです。

また、別な例として三菱鉛筆を考えてみましょう。三菱鉛筆ＨＢは、どこで買っても、三菱鉛筆ＨＢです。しかし、アスクルの三菱鉛筆ＨＢと、ディスカウント文具店の三菱鉛筆ＨＢでは、違う意味を持っています。

例えば、三菱鉛筆ＨＢが週末の幹部合宿のワークショップで1ケース必要になったとしましょう。おそらく、その際は、アスクルが会社の購入業者であれば、アスクルで買うことになるでしょう。しかし、会社での新卒採用セミナーで２００ケースの三菱鉛筆ＨＢが必要だということを2ヵ月前にわかったとしたらどうでしょう？　コストにシビアな私は、おそらく「ディスカウント文具店のほうが安いはずだ」と思い、そちらに足を運び、交渉して値段をさらに下げて購入するでしょう。

■商品≠製品

一方、自宅から突然メッセージがきて、「帰りに三菱鉛筆HBを1本買ってきて欲しい」と言われれば、コンビニで買うことでしょう。

全く同じ物なのですが、買いに行く手間や価格などで買う場所が変わるのです。そのときは、アスクルの三菱鉛筆HBという商品、ディスカウント文具店の三菱鉛筆HBという商品、コンビニの三菱鉛筆HBという商品は、違った物になるのです。

■マーケティングの4Pと4C

ロジスティクスは、マーケティングに大きな影響を与えています。さらに、その影響度は、ネット通販やモバイル通販、オムニチャネルの存在感が増すごとに、日増しに高くなっています。
昔、リーバ（ユニリーバ）のシンガポールチームと、友人の結婚式で同じテーブルになったことがあります。そのとき、自分は「ロジスティクス（Logistics）をやっている」と言うと、「ディストリビューション（Distribution）のことだな」と言われました。ディストリビューションは、いわゆる流通のことです。ちなみに、フィジカルディストリビューション（Physical Distribution）という言葉は、昭和30年代に、「物的流通」と日本語訳され、さらに「物流」と略されました。

みなさん、よくご存じのマーケティングの４Ｐ（次ページの図参照）というフレームワークには、Product（製品）、Price（価格）、Promotion（広告）、Place（流通）がありま す。このPlaceがまさにディストリビューションであり、ロジスティクスのことになります。私は物流部門の人に対して、「あなたの仕事は、いかに消費者の手元に商品を届けるかです。そのために自販機が最適であれば、物流部門が自販機の場所を開拓するべきなんですよ」とよく言っています。それが本来のロジスティクスの役割だからです。

■マーケティングの4P

●1961年にジェローム・マッカーシー（USA）が提唱

製品　Product	価格　Price
広告　Promotion	流通　Place

■マーケティングの4C

●ロバート・ラウターボーンが買い手視点を提唱

顧客価値 Customer value	顧客コスト Customer cost
コミュニケーション Communication	利便性 Convenience

　また、マーケティングの４Ｃというものもあります（上図参照）。４Ｐが売り手目線であるのに対し、４Ｃは買い手目線です。今の時代は、４Ｐより、４Ｃが適しているように思います。

　いくらいい製品を作っても、顧客が価値を感じない機能には意味がありません（顧客価値）。テレビを観ない人に、テレビは不要です。また、価格は顧客によって価値が変わります（顧客コスト）。子どもは、１６０円のペットボトルのお茶を１日に何本も買いません。広告は相手が見て記憶に残らなければ意味がありません（コミュニケーション）。朝起きれない人には、朝のテレビコマーシャルは無意味です。ターゲット客が入手できなければ、買うことができません（利便性）。若年中所得層対象の化粧品を、高級百貨店に置いても、手にとってくれることはないでしょう。

ロジスティクスは、４ＰのPlaceにあたり、４ＣのConvenience（利便性・コンビニエンス）にもなります。顧客が欲しいものを欲しいときに欲しい場所で渡せるようにしていくのが、ロジスティクスの仕事です。

■物流戦略の４Ｃ

物流戦略を語る上で、マーケティングの４Ｐや４Ｃのようなフレームワークがあったほうが議論しやすいと思い、私が温めていたロジスティクスのフレームワークがあります。

それが、「物流戦略の４Ｃ」です。

1. convenience（利便性、価値提供。contribution to customer）
2. constraint of time（リードタイム、制約時間。lead time, period, time consumption）
3. combination of method（手段の組み合わせ。logistics process, logistics network）
4. cost（コスト、予算。budget）

この4つを考えることで、物流に詳しくない人でも、物流戦略を考えることができます。

例えば、序章で話したＩＴ経営者のケースでも、どんな利便性を顧客に与え、どれくらいの時間と時間枠で届け、どんな方法を使い、どれくらいのコストで行なえばいいのかを考え、それを物流の専門家に投げれば、さまざまな提案が出てくるでしょう。

これまでは、こういったものがなかったために、相談すらできなかったり、あまりにもピンポイントな質問（例：「○○できませんか？」）になってしまったりして、肝心なビジネスモデルの話にならない、ということが多かったと思います。実際、先のＩＴ経営者とはスマホで30分会議をしたのですが、与えられたことは少なかったと反省しています。この4Ｃのフレームワークがあれば、もっと彼に与えられることは多かったでしょう。

では、この4Ｃの使い方ですが、まず、利便性と時間の2つを考えます。これには、経営戦略に同期したものを入れます。ですから、経営戦略によって、全く違うものが入ってきます。ここは、物流思考ではなく戦略物流思考の考え（序章参照）が入ります。

次に、手段とコストを考えます。まず手段ですが、利便性と時間によって、全く違うものが入ってきます。そしてコストには、金額でなく考え方を入れます。相対的に何を優先

■物流戦略の4Cフレームワーク

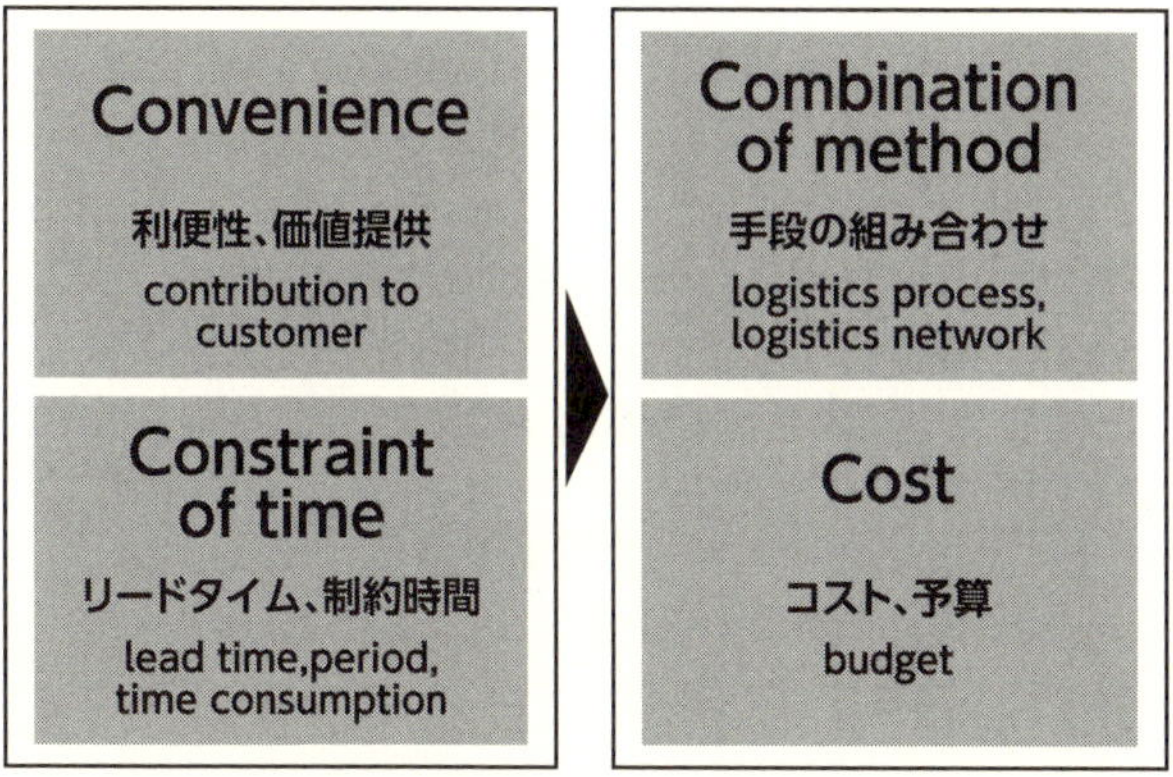

(考案：多摩大学大学院客員教授・角井亮一 Ryoichi Kakui　2018)

するのか、コストが最優先なのか、コスト以上に重要なものがあるのかです。

１つ例を挙げて、一緒にやってみましょう。今回は、アマゾンのプライムナウを例にします。アマゾン全体だとさまざまなサービスがあり、それぞれにおいて戦略が違うため、１つのサービスであるプライムナウを取り上げます。

このサービスの、１．利便性と２．時間は、どうなっているでしょうか？　このサービスの特徴は、１時間以内に配達できることですよね。また、ネットスーパーと比べて、取り扱いアイテム数が多いことが特徴でもあります。これをもとに、利便性と時間を書き出すと、

■物流戦略の4Cで「アマゾン プライムナウ」を分析

1. convenience （利便性、価値提供）	生活に必要なもの（6.5万アイテム以上）を、あらゆる時間、忙しく時間がない人が多い都市で提供する
2. constraint of time （リードタイム、時間）	1時間以内で（リードタイム）、または2時間ごとの時間帯指定、朝8時〜夜中1時

▼

3. combination of method （手段の組み合わせ）	近くの小型在庫拠点（ストックポイント） 小回りの利く車両（デリバリー） 在庫拠点には、大型車で納品
4. cost （コスト、予算）	コストより、プライム会員の利便性向上と獲得が優先

1．利便性：生活に必要なもの（6・5万アイテム以上）を、あらゆる時間、忙しく時間がない人が多い都市部で提供する

2．時間：1時間以内で（リードタイム）、または2時間ごとの時間帯指定、朝8時〜夜中1時

となります。

これを実現する3．手段と4．コストを書くと、

3．手段：近くの小型在庫拠点（ストックポイント）、小回りの利く車両（デリバリー）、在庫拠点には大型車で納品

4．コスト：コストより、プライム会員の利便性向上と獲得が優先

となります。

これは、すでに存在するサービスですから、書きやすいと思います。しかし、先の物流がわからないＩＴ経営者が、これからビジネスモデルを作り出す際であれば、どうなるでしょうか？

１．利便性と２．時間、そして４．コストは、入念に考えれば書き出すことができますが、３．手段は簡単ではありません。それでも若干でも書き出し、それを物流の専門家に持っていけば、その専門家はいとも簡単に答えを出すでしょう。その時点で、１．利便性と２．時間の実現が難しくなり、修正を加える必要が出てくることもあります。そうしたら、その修正を加えた上で、物流の専門家に再度聞きに行くか、物流事業者から見積もりを取ります。こうすることで、戦略の精度が上がっていきます。

この物流戦略の４Ｃフレームワークを、私は何度も自分で試しましたが、試せば試すほど、手前味噌ですが、その便利さには驚きます。

■物流戦略の４Ｃを、ＺＡＲＡとユニクロで比較

このフレームワークで、対照的なアパレル企業であるＺＡＲＡとユニクロを比較してみ

■物流戦略の4Cで「ZARA」と「ユニクロ」を比較

	ZARA（インディテックス）	ユニクロ（ファーストリテイリング）
1. convenience（利便性、価値提供）	世界中の顧客が欲しい服を早く届ける	ベーシックな服を安く提供する
2. constraint of time（リードタイム、時間）	一番早く届ける	欠品しないよう補充できるリードタイム
3. combination of method（手段の組み合わせ）	●航空便（高価） ●在庫型センターでなく、スルー型センターを利用	●船便（安価） ●各店舗群に在庫型センターを設置
4. cost（コスト、予算）	早さを優先する	スピードより、低コストを優先する

ようと思います。

同じファストファッションであり、SPAという製造小売業である点も共通していますが、明らかに両者の経営戦略は違います。

ZARAは、市場から吸い上げた情報をもとに、高回転でデザインを作り、生産し、高速で市場に投入します。ユニクロは、品質の高いベーシックな服を大量に生産し、安く提供します。

したがって、図のように、1．利便性と2．時間には、全く違うものが入ります。同じ業種業態なのに、です。そうなると、3．手段と4．コストも違ってきます。スピードとコストで言うと、ユニクロはコストを優先し、ZARAはスピードを優先します。なぜなら、１．利便性と２．時間で求めていることが違うからです。そして、３．手段は、全く違うものができ上がります。ロジスティクスネットワークにおけるストックポイントの位置は、ユニクロは各店舗群の近くに置き、ＺＡＲＡは本社スペインに置いています。さらにスピードを重視するＺＡＲＡは、その在庫日数も数日です。

ぜひ、みなさんの会社とその競合会社を「物流戦略の４Ｃ」で分析してみてください。自社の勝てる物流戦略がより明確になるでしょう。

あとがき

私が、最初に物流に関して講演したのは、確か1998年ごろだと思います。大阪府経営合理化協会という大阪府の外郭団体の高安さんから、「物流について話してみないか?」と言われたのがきっかけです。

講演に関しては、船井総合研究所にて、しょっちゅうしていましたから、問題ありませんでした。ただ、物流に関しては、日本ロジスティクスシステム協会の物流技術管理士という資格を取ったばかりでしたので、教えるというのはちょっと自信がありませんでしたが、高安さんに背中を押してもらいました。

そのときに、「在庫テコの原理」なる言葉を編み出し、話したのを覚えています。在庫が増えるとテコのようにコストが2倍3倍と上がるという話です。返品もありますし、そもそも送る必要のない商品を送るコストもかかります。在庫を置く倉庫賃料もかかりますし、廃棄コストもかかります。

そのときの講演タイトルは、「戦略物流」でした。今では、「戦略物流といえば、角井さんだね」と言われるように、私の看板になりました。

今回、「『すごい物流戦略』という本を書きませんか?」とPHPの中村さんから声がかかったとき、躊躇《ちゅうちょ》しました。なぜなら、すでに3冊程度の執筆依頼が入っていましたし、書くにはリサーチも必要だと感じたからです。時間の足りない私にとっては、重たい仕事です。しかし、物流に関する戦略については私の看板でもあるので、気合いを入れて、時間を割いてやってみようと、重い腰を上げました。

そこで「第1期 物流戦略講座」を始めたところすぐに満席となり、それに力をもらう形でリサーチと現地ヒアリングを進め、本書を無事書き上げることができました。

そして、これまで温めていた「物流戦略の4C」も、終章で発表できました。秋から始める「第2期 物流戦略講座」ではこの4C分析をしていきます。

さらに物流戦略に関する分析を進め、第2弾の『すごい物流戦略』を書きたいと妄想しています。気が早いですが、私が毎日書いているメルマガ「物流話」の読者に、「角井に物流戦略を書いてほしい企業事例」のアンケートも取っています。

物流に対する知見の足りない日本企業に、物流戦略への理解を深めてもらうために引き続き努力しますので、ご声援(ご購入)ご推薦をいただけると幸いです。

PHP
Business Shinsho

角井 亮一（かくい・りょういち）
1968年大阪生まれ。株式会社イー・ロジット代表取締役兼チーフコンサルタント。上智大学経済学部を3年で単位修了。米ゴールデンゲート大学でMBA取得。船井総合研究所、不動産会社を経て、家業の物流会社、光輝物流に入社。2000年、株式会社イー・ロジットを設立し、現職。現在、同社は270社以上から通販物流を受託する国内ナンバーワンの通販専門物流代行会社であり、200社の会員企業を中心として物流人材教育研修“イー・ロジットクラブ”運営や物流コンサルティングを行なっている。2015年、宅配荷物の追跡や再配達を依頼できるアプリ「ウケトル」を提供する株式会社ウケトルを共同設立。海外では、タイにSHIPOP、Siam Outletがある。
著書に、『物流がわかる』『オムニチャネル戦略』（ともに日経文庫）、『アマゾンと物流大戦争』（ＮＨＫ出版新書）、『物流大激突』（SB新書）、『物流大崩壊』（宝島社新書）などがある。また、『めざましテレビ』、『とくダネ！』、J-WAVEなど多くのテレビ・ラジオ番組でコメンテーターを務め、経済誌などでの執筆も多数。

編集協力：兵藤雄之
図版作成：桜井勝志

PHPビジネス新書 397

アマゾン、ニトリ、ZARA……
すごい物流戦略

2018年8月1日　第1版第1刷発行
2018年10月18日　第1版第2刷発行

著者　角井亮一
発行者　後藤淳一
発行所　株式会社ＰＨＰ研究所
東京本部　〒135-8137　江東区豊洲5-6-52
第二制作部ビジネス出版課　☎03-3520-9619(編集)
普及部　☎03-3520-9630(販売)
京都本部　〒601-8411　京都市南区西九条北ノ内町11
PHP INTERFACE　https://www.php.co.jp/
装幀　齋藤稔(株式会社ジーラム)
組版　有限会社エヴリ・シンク
印刷所　共同印刷株式会社
製本所　東京美術紙工協業組合

ISBN978-4-569-84095-6

「ＰＨＰビジネス新書」発刊にあたって

わからないことがあったら「インターネット」で何でも一発で調べられる時代。本という形でビジネスの知識を提供することに何の意味があるのか……その一つの答えとして「**血の通った実務書**」というコンセプトを提案させていただくのが本シリーズです。

経営知識やスキルといった、誰が語っても同じに思えるものでも、ビジネス界の第一線で活躍する人の語る言葉には、独特の迫力があります。そんな、「**現場を知る人が本音で語る**」知識を、ビジネスのあらゆる分野においてご提供していきたいと思っております。

本シリーズのシンボルマークは、理屈よりも実用性を重んじた古代ローマ人のイメージです。彼らが残した知識のように、本書の内容が永きにわたって皆様のビジネスのお役に立ち続けることを願っております。

二〇〇六年四月

ＰＨＰ研究所